시작하는 비건에게

비건 비기너가 묻고 채식 32년 최셰프가 답하다

최태석
—
꽃사미로

나는 왜 비건으로 사는가?

1   어떤 존재에게도 해를 끼치지 않고 살 수 있다.
2   아마존 밀림이 백만분의 1초라도 더 유지될 수 있다.
3   건강에도 이롭고 경제적으로도 도움이 된다.
4   내 몸을 스스로 셋업할 수 있다.
5   채소 하나하나에 정이 쌓이면서 요리의 과정이 더 즐거워진다.
6   육식으로 인해 벌어지는 현실을 외면할 수 없다.
7   비건 커뮤니티 안에서 삶이 더 행복해졌다.

		be eatable	be inedible
	Vegan	과일+채소	육류+어류+난류+유제품
Vegetarian	Lacto	과일+채소+유제품	육류+어류+난류
	Ovo	과일+채소+난류	육류+어류+유제품
	Lacto-Ovo	과일+채소+유제품+난류	육류+어류
Semi-vegetarian	Pesco	과일+채소+어류+난류+유제품	육류

「비건 Vegan」 채소, 과일, 해초 따위의 식물성 음식 이외에는 아무것도 먹지 않는 철저하고 완전한 채식주의자.
※국립국어원 표준국어대사전

INTERVIEW

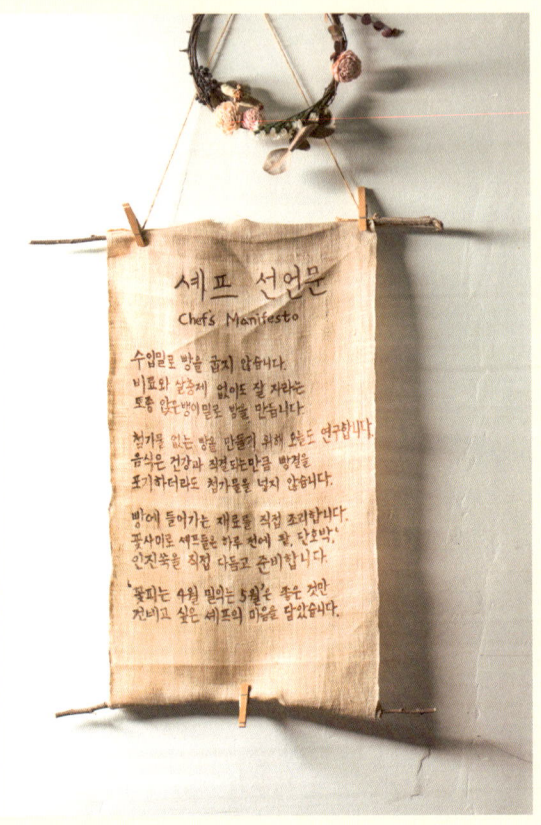

최태석 셰프는 비건 빵집 성지순례 코스로 손꼽히는 〈꽃피는 4월, 밀익는 5월(이하 꽃사미로)〉의 오너셰프다. 일반 베이커리와 달리 〈꽃사미로〉는 100% 예약제의 빵정식과 빵브런치가 시그니처 메뉴로 꼽힐 만큼 빵과 요리 모두 유명하다. 요리사인 어머니를 따라 20대부터 채식 요리를 만들어왔다. 90년대에 대만과 미국에서 채식 베이킹&오너베이킹 과정을 수료했으며 이후 채식 베이커리 베지월드, 비건 베이커리 더브레드블루와 꽃밀, 밀한줌의 수석셰프를 거치며 다양한 비건 베이커리 메뉴를 개발해왔다. 2019년 부산 망미동에 〈꽃사미로〉를 오픈했다. 그 자신도 올해로 채식 인생 32년, 비건 7년째다. 현재 〈꽃사미로〉는 빵집을 넘어 비건 아지트로 자리잡았다.

○ 먼저 자기소개 부탁드려요. '나'를 표현하는 3가지 단어를 꼽는다면?

"미식가, 셰프 그리고 소박한 삶입니다. 우선 저는 맛있게 먹는 것을 즐기는 **#미식가**입니다. 채식을 하면서 먹을거리를 한정하다보니 맛있는 것을 추구하게 되고 직접 요리하게 되었지요. 그리고 저는 **#셰프**입니다. 보통 빵을 만드는 사람을 파티셰라고 하죠? 저는 빵도 만들고 요리도 합니다. 비건이라고 하면 '맛없다'는 편견이 있잖아요. 그걸 깨부수고 싶었습니다. 비건도 얼마든지 맛있게 먹을 수 있다는 것을 알려드리고 싶어요. **#소박한 삶**을 지향하는 사람이기도 합니다. 제 삶은 단조로울 만큼 단순해요. 매일 직접 장을 보고 간단하게 생 채소와 김치, 그리고 볶음요리 한 가지를 요리해서 식사를 합니다. 옷도 빈티지 옷을 구매하거나 그것도 잘 사지 않아요."

○ 올해로 채식을 시작한지 얼추 30년이라고 들었습니다. 계기가 있었나요?

"정확히 32년이네요. 군대에 다녀온 뒤 채식을 시작했어요. 저는 어렸을 때부터 신과 명상에 관심이 많았습니다. 조숙했던 탓인지 초등학생 때부터 밤하늘의 별을 보며 인생무상을 느끼곤 했죠. 그러다 제대 무렵 자연스럽게 명상 수행을 하게 되었습니다. 제가 한 명상법은 채식이 기본 규율이었기에 망설임 없이 채식을 하게 되었어요."

○ 셰프의 길은 어떻게 들어서게 되었나요?

"어머니가 일본에서 오랫동안 요리사로 일하셨고, 군대 제대 후에 힘을 합쳐 채식 뷔페를 해보자 얘기가 되었죠. 저는 주로 신제품 개발을 담당했는데 그때 개발한 메뉴가 곤약오징어(카피)볶음이에요. 부산 고속터미널 근처에 식당을 열어 당시에도 꽤 많은 분들이 찾아주셨죠. 그러다 채식인들이 빵을 먹고 싶어 한다는 사실을 알게 되었습니다. 내가 해보자 싶었지요."

○ 셰프와 파티셰는 전혀 다른 영역이었을텐데요.

"그렇죠. 빵은 배워야겠고 배울 데는 마땅치 않았죠. 그러던 차에 아는 사람 소개로 큰 제과점에 견습생으로 들어갔습니다. 그곳 오너셰프가 처음 제게 시킨 일이 달걀을 깨는 일이었어요. 빵 반죽에 들어갈 달걀이 제 키 만큼 쌓여 있더군요. 채식을 하겠다 해놓고 동물성인 달걀을 손에 묻힐 수는 없겠더라고요. 곧바로 유니폼을 벗고 나왔지요. 그 이후로 달걀을 깨지 않게 되었습니다."

○ 당시에도 비건이었나요?

"아니요. 그때는 우유는 허용하는 '락토 채식'을 실천했어요. 얼추 20년 넘게 락토 베지테리언을 유지해왔죠. 그러다 2014년부터 비건 베이커리, 더브레드블루에서 일하면서 비건으로 바꾸었습니다. 비건 제품을 만들면서 우유 채식을 한다는 게 스스로 맞지 않다고 느꼈어요."

○ 비건이 된 후, 가장 힘들었던 순간은 언제였나요?

"락토 채식과 비건을 이어오며 먹는 거 자체로 힘든 일은 별로 없었습니다. 외식은 못 했지만 집에서 만들어 먹으면 되니까요. 저희 빵집은 하루에 한끼 점심만은 논비건도 비건식사를 함께하자는 취지로 스태프가 모여 채식을 합니다. 주변에 비건식당이 없다보니 시간이 가능하면 제가 직접 식사 준비를 하지요. 하지만 바쁠 때는 기존 식당에 부탁해 비건식으로 찌개나 면류를 먹고는 하는데, 그러던 어느날 비건식이라고 굳게 믿고 먹었던 테이블 음식에서 논비건 재료의 식감을 느끼고 말았지요. 그 순간, 맛보다는 양심을 속인 식당 사장님께 화가 났습니다. 그런 일이 종종 있습니다."

○ 최셰프에게 비건은 어떤 의미일까요?

"비건이라는 게 그저 식문화만을 뜻하지는 않지요. 비건을 하겠다는 건 삶의 방향을 바꾸겠다는 의미예요. 제가 지향하는 삶의 방향은 어떤 존재에게도 해를 끼치지 않으며 사는 것입니다. 그걸 지켜내는 방법으로 비건을 선택한 거고요. 오랜 시간 비건으로 지내다보니 이제는 라이프 스타일로 굳어진 것 같아요."

○ 많은 비건 비기너들이 조언을 구한다고 들었어요. 주로 어떤 질문을 해오나요?

"공통된 질문 중 하나는 비건과 채식을 유지할 수 있었던 비결에 대한 거예요. 사실 특별한 답은 없습니다. 제겐 그냥 삶이니까요. 어쩌면 비건이 되면 논비건 시절을 그리워할 거라고 생각에 그런 질문을 하는 것 같아요. 하지만 그런 건 없습니다."

○ 이제 막 비건이 되려는 이들에게 어떤 이야기를 해주고 싶나요?

"비건 라이프가 어렵지 않다는 걸 이 책으로 알려주고 싶어요. 물론 비건을 하면 외식이 어렵기는 합니다. 오히려 자신이 먹는 것에 대해 신경을 쓰게 되어 직접 요리해 먹게 되지요. 직접 고른 식재료를 정갈하게 다듬고 단순하게 조리하는 과정을 통해 먹는 것은 온전히 우리 자신이 됩니다. MSG나 지나친 양념에 길들여져 있는 입맛도 새롭게 리셋되지요. 물론 쉬운 일은 아닙니다. 하지만 처음이 어렵지 요리도 비건 라이프도 알고보면 무척 심플합니다. 이 책을 보면서 요리라는 것이 즐거운 행위이고 어렵지 않다는 인식을 갖게 되기를 바랍니다. 긴 시간 동안 시행착오를 겪으며 개발한 비건 요리 레시피를 모두 담았습니다. 저와 함께 비건 라이프, 시작해보시겠어요?"

CONTENTS

WHY VEGAN? 나는 왜 비건으로 사는가?   002
INTERVIEW | 저자와의 인터뷰   004
이 책 보는 법   015
이 책의 사용 조미료   269
INDEX   270

INTRO 비건의 주방을 찾아서

비건의 장보기   018
비건의 냉장고   020
비건의 기본기 : 8가지 채소 썰기   022
비건의 조미료 : 채수·양념·소스   026
비건의 가공식품 : 비건버터·비건치즈·비건김치   032
비건의 여행키트 : 후리카케·약고추장·땅콩버터·비빔장   038

[vegan]

일상요리

SUBJECT 01 두부가 지겨운 날

01 마트에서 건두부를 봤어요. 어떤 요리를 할까요?	포두부잡채덮밥	044
02 템페를 맛있게 먹고 싶어요.	템페샐러드	046
03 두부를 고기처럼 즐길 수 있을까요?	두부차슈	048
04 비건이라면 오믈렛은 포기해야겠죠?	두부오믈렛	050
05 손님상을 빛내줄 두부요리가 필요해요!	두부난자완스	052
06 두부 말고 콩으로 만든 요리 없을까요?	후무스	056
07 마파두부도 비건식으로 맛보고 싶어요.	비건마파두부	058
••• Chef's Choice : 튀기고, 굽고, 볶고… 두부반찬		060

SUBJECT 02 얼큰한 국물이 그리운 날

08 감자탕은 불가능하겠죠?	비건감자탕	064
09 색다른 찌개요리를 알려주세요.	타진	066
10 얼얼한 마라탕, 비건식으로 가능할까요?	비건마라탕	068
11 육수가 핵심인 전골요리는 어렵겠죠?	밀푀유버섯두부전골	072
12 짬뽕이 생각나는 날이 있어요.	비건짬뽕	074
13 생일인데 맛있는 미역국이 먹고 싶어요.	비건미역국	076
14 부대찌개도 비건식으로 만들 수 있나요?	비건부대찌개	078
••• Chef's Choice : 국물요리와 함께 먹는 일품 덮밥요리		080

SUBJECT 03   술맛 돋우는 안주가 필요한 날

15	골뱅이소면무침에 한잔 하고 싶어요.	버섯꼭지와 소면무침	084
16	간단한 맥주 안주가 필요해요.	감자칩	086
17	소주만 마시면 뜨끈한 어묵탕이 생각나요.	채식 어묵탕	088
18	술안주용 튀김, 어떤 메뉴가 좋을까요?	콜라플라워튀김	092
19	혼술에 어울리는 초간단 비건 안주 있나요?	나초＋살사	094
20	해장할 때 어떤 요리 드시나요?	매콤콩나물국	096
21	자꾸 손이 가는 마약 안주 없을까요?	마약콘치즈마요	098

••• Chef's Choice : 소주 • 막걸리 • 와인 추천 비건 안주   100

SUBJECT 04   생존 도시락 메뉴가 고민되는 날

22	피크닉용 도시락 메뉴 추천해주세요.	옥수수두부크럼블도시락	104
23	도시락이지만 일품요리처럼 즐기고 싶어요!	케일쌈밥도시락	106
24	스시도시락도 쌀 수 있나요?	비건스시도시락	108
25	가장 맛있었던 도시락이 궁금해요.	옛날도시락	110
26	색다른 주먹밥 부탁해요!	밥고로케도시락	112
27	비주얼 도시락을 싸고 싶어요.	아보카도롤도시락	116
28	샌드위치가 이제 슬슬 질려요.	감자샐러드샌드위치	118
29	새로운 샌드위치 레시피 없을까요?	반미샌드위치	120

••• Chef's Choice : 인기 도시락 밑반찬   122

[vegan]

스페셜요리

SUBJECT 05 쫄깃한 식감이 떠오르는 날

30	샤브샤브도 먹어보고 싶어요.	비건샤브샤브	126
31	고기만두가 그리워요!	중국식 부추만두	128
32	불고기를 비건식으로 만들고 싶어요.	뚝배기불버섯	130
33	충무김밥 가능할까요?	비건충무김밥	132
34	치킨강정의 양념 맛과 식감이 생각나요.	느타리버섯강정	136
35	자장면을 간단하게 만들고 싶어요.	비건자장면	138
36	닭도리탕 같은 탕요리는 어떻게 만들어요?	버섯매운양념조림탕	140
37	보쌈이 먹고 싶을 날은 어쩌죠?	비건보쌈	142

••• Chef's Choice : 각양각색 베지푸드 활용법   144

SUBJECT 06 다이어트를 결심한 날

38	다이어트를 결심했어요. 메뉴 추천해주세요.	오트밀견과류과일스무디볼	148
39	다이어트와 디톡스 모두 가능한 음료 있을까요?	밀싹클렌징주스	150
40	운동 전후 단백질 보충용으로 어떤 메뉴가 좋을까요?	병아리콩감자토마토스튜	152
41	건강한 요구르트를 마시고 싶어요.	비거트	156
42	몸이 가벼워지는 수프를 만들어주세요.	마크로비오틱 채소수프	158
43	초간단 채소 샐러드를 배우고 싶어요!	아보카도대파샐러드	160
44	다이어트용 샐러드 소스가 궁금해요.	머스터드드레싱 + 과일드레싱	162
45	후다닥 만드는 다이어트 메뉴가 필요해요.	비건부리토	164

••• Chef's Choice : 색다르게 즐기는 곤약 다이어트 요리   166

SUBJECT 07 특별한 세계요리가 먹고 싶은 날

46	채소만 넣어도 맛있는 월남쌈 있을까요?	비건월남쌈	170
47	멕시칸 요리도 즐기고 싶어요.	타코	172
48	레스토랑의 바질뇨끼, 집에서 만들 수 있을까요?	바질뇨끼	174
49	육수 없이 베트남쌀국수 맛이 날까요?	비건베트남쌀국수	178
50	똠얌꿍이 먹고 싶어요.	비건똠얌꿍	180
51	태국 팟타이를 비건식으로 만들어주세요.	비건팟타이	182
52	인도 레스토랑에서 맛본 커리가 떠올라요.	비건커리＋짜파티	184

••• Chef's Choice : 비건 레스토랑 핫메뉴 따라잡기   188

SUBJECT 08 힘 딸리는 날, 보양식이 필요한 날

53	감기몸살에 걸렸어요!	가지구이	192
54	배탈이 났을 때는 무얼 먹어야 할까요?	비건버섯죽	194
55	채계장 맛있게 끓이는 방법이 궁금해요.	채계장	196
56	힘이 딸려요. 보양식이 필요해요!	비건장어덮밥	198
57	비건을 위한 여름 보양식을 소개해주세요.	콘소메수프	202
58	만성피로에 시달려요! 피로를 덜어주는 메뉴 있나요?	흑임자과일샌드위치	204
59	생리통이 심해요.	파베초콜릿	206

••• Chef's Choice : 컨디션별 추천 비건 수프와 음료   208

[vegan]

주전부리

SUBJECT 09 길거리 간식이 당기는 날

60 특별한 떡볶이 레시피를 알려주세요.	떡볶이그라탕	212
61 자꾸 햄버거가 생각나요.	수제두부패티버거	214
62 야식으로 순대를 먹고 싶어요. 어쩌죠?	비건순대	218
63 달콤한 프렌치토스트가 그리워요.	비건프렌치토스트	220
64 바삭한 고로케를 만들어주세요.	채소고로케	222
65 특별한 간식 없을까요?	채소크레이프랩	224
66 핫도그도 비건식으로 맛볼 수 있나요?	비건소시지핫도그	226
••• Chef's Choice : 비건떡볶이 VS		228

SUBJECT 10 후루룩~ 라면이 먹고 싶은 날

67 짬뽕도 라면으로 끓일 수 있나요?	짬뽕라면	232
68 매운맛 볶음면을 더 맛있게 만들어주세요.	불맛볶음라면	236
69 미소라멘을 비건식으로 만들 수 있나요?	된장라면	238
70 파스타, 라면으로도 맛있나요?	알리오올리오 라면파스타	240
71 시원한 물냉면이 생각나요.	냉라면	242
72 매콤한 비빔냉면을 간단하게 즐기고 싶어요.	비빔라면	244
••• Chef's Choice : 비건라면 VS		246

SUBJECT 11 부드럽고 달달한 디저트가 먹고 싶은 날

73	진한 풍미의 브라우니가 먹고 싶어요.	브라우니	250
74	달걀 없이 머랭쿠키를 만들 수 있을까요?	비건머랭쿠키	252
75	비건 젤리도 가능해요?	트리플베리젤리	254
76	오븐 없이 비건 빵을 구울 수 있나요?	비건단호박머핀	256
77	흑당라떼, 첨가물 걱정 없이 마시고 싶어요.	수제펄얼그레이흑당라떼	258
78	과일로 만드는 예쁜 디저트 있나요?	탕후루	262
79	비건을 위한 스페셜 커피 메뉴 알려주세요.	코코넛커피	264
80	비건 빵과 곁들일 사이드 메뉴가 필요해요.	오렌지콩포트	266

••• Chef's Choice : 집에서 만드는 수제 비건음료　　　　　　　　　　　　　　268

이책을 보는 법

이 책의 분량 표기
- 이 책의 레시피 기준은 1인분입니다.
- 2인분 이상 시 재료에 표기하였습니다.

이 책의 계량 표기
- 이 책은 스푼(밥숟가락)으로 계량되었습니다. 1스푼=10g/10㎖ 기준입니다.
- 이 책은 계량컵으로 계량되었습니다. 1컵=200g/200㎖ 기준입니다.
- 그외 계량
  - 가루류 1스푼=5g
  - 된장과 고추장 1스푼=15g
  - 다진 견과류 1스푼=7g
  - 빵가루 1컵=100g

[vegan]

base

○ 장보기
○ 냉장고
○ 기본기
○ 조미료
○ 가공식품
○ 여행키트

/ INTRO / 비건의 주방을 찾아서

비건을 시작한다는 건 생활의 큰 변화를 의미합니다. 생활은 보다 심플해지며, 장바구니는 가벼워집니다. 모든 식재료는 먹을 수 있는 것과 먹을 수 없는 것으로 나뉘고, 소유욕도 줄어들지요. 비건의 주방에서 유통기한을 한참 넘긴 소스통이나 순간의 욕망으로 집어든 1+1 묶음은 찾아볼 수 없습니다. 비건의 주방에는 무엇이 있을까요?

> 비건의 장보기

조금씩 자주, 장보는 즐거움

식재료에 제한을 두는 비건에게 장보기는 중요한 일과입니다. 장보기에 원칙이 있다면 '당일 구입, 당일 요리'입니다. 많은 양의 재료를 구입하면 신선도가 떨어짐은 물론 계속 같은 재료로 요리하게 되어 식사시간의 즐거움도 줄어들지요. 조금씩, 자주 구입합니다. 채소는 재래시장에서, 소스나 가루류는 친환경 재료를 취급하는 협동조합에서 구입합니다. 베지푸드나 식물성 대체육, 소스 등은 온라인 마켓에서 구입하는데, 이때는 비건인증 마크와 재료의 성분표시 확인이 가장 중요합니다.

한국비건인증원 2018년 식약청으로부터 비건인증, 보증기관으로 승인. 동물실험의 유무, 동물유래 원자재 사용, 생산공정 중 교차오염 감독.

영국비건협회 1944년에 시작된 영국비건협회의 인증마크 오랜 역사로 국제적으로 인정받는 비영리단체다. VEGAN이라는 단어도 이곳에서 시작.

프랑스비건인증원 세계적으로 인증이 유효한 프랑스비건인증원의 인증마크. 국내 글로벌표준인증원과 아시아 독점협약을 맺음.

이탈리아채식주의자협회 1970년대 시작된 V-LABEL 마크와 생채식주의자를 뜻하는 RAW VEGAN 2종이 있음.

미국비건인증원 미국의 비영리단체로 미국, 캐나다, 호주, 뉴질랜드 및 미국 내 생산제품에 인증.

가공식품 장보기의 기준은 성분표시

기본적으로 제조가공 또는 조리과정에서 동물성 성분이나 동물성에서 추출된 성분이 없어야 합니다. 가공식품의 경우 조미료 성분 중 효모와 미생물이 있다면 반드시 생육환경을 확인하고, 첨가물 혼합제제가 들어 있는지도 체크합니다. 첨가물 혼합제제의 경우 동물성 성분이 포함된 경우도 있으니 가급적 첨가물이 없는 제품을 고르려 노력해요. 아래는 반드시 피해야 하는 성분입니다.

반드시 피해야 하는 성분

꿀	곤충에서 유래한 식품도 제외하고 있음.
카제인나트륨	우유에서 추출한 성분으로 라면수프 등의 조미료에 사용됨.
난각칼슘	달걀 껍질에서 추출한 성분으로 면의 반죽에 사용됨.
난백분	달걀흰자의 분말로 햄이나 소시지 등에 사용됨.
겔화제	달걀 추출물로 아이스크림과 잼에 사용됨.
정제설탕 & 정제소금	동물뼈 숯(탄화골분)을 사용한 정제 과정이 포함될 수 있음.
부레풀	생선의 부레로, 맥주의 이스트나 굳은 입자 제거에 사용됨.
젤라틴	동물성 단백질인 콜라겐으로 젤리, 아이스크림, 치즈케이크에 사용됨.
L시스테인	동물의 털에서 추출한 성분으로 빵 반죽을 부드럽게 하는 데 사용됨.
코치닐	연지벌레에서 추출한 성분으로 우유, 껌 등에 빨간색 색소로 사용됨.
GMO(유전자변형식품)	생산성 향상과 상품의 강화를 위해 유전자 재조합 기술을 이용하여 생산된 농산물임.

> 비건의 냉장고

"뭐 먹고 살아요?" 비건에게 묻는 논비건들의 공통적인 질문입니다. 과연 비건의 냉장고 속에는 무엇이 있을까요? 채식 생활 32년, 비건 생활 7년째인 최셰프의 냉장고를 열어보았습니다. 즐겨 먹는 버섯류와 뿌리채소, 그리고 직접 만든 양념장과 소스류, 미리 우려둔 각종 채수, 비건 냉동식품과 식물성 대체육이 냉장고를 채웠습니다. 3인 가족의 비건 냉장고입니다.

냉장실

기본 채소와 소스류, 장류, 그리고 김치 등을 보관합니다. 김치, 소스, 양념 등은 모두 직접 만들어 사용하지요. 구입한 재료는 바로 손질해 투명봉지나 밀폐용기에 담아 보관합니다. 특히 채소는 손질 후 조금씩 소분해 밀봉하면 버리는 것 없이 거의 사용할 수 있어요.

채소는 모양 그대로 보관
채소는 종류별로 밀봉해 생장조건에 맞도록 보관합니다. 줄기채소는 뿌리를 아래로 두고 길게 세우고, 잎채소는 모양대로 펼쳐둡니다.

수제 채수·소스·양념은 2주치만 보관
직접 만든 채수와 소스, 양념은 2주 안에 소비할 수 있는 양만 만들어 소독한 병에 담아 냉장고 문 칸 쪽에 두고 사용합니다.

냉동실

나초, 감자튀김, 만두, 견과류 등 즐겨 사용하는 식재료는 투명용기에 담아 냉동보관합니다. 구입 시기, 유통기한 등을 적어 용기에 붙여두면 먼저 구입할 것부터 꺼내어 쓸 수 있지요. 비건새우나 콩살이햄 등 식물성 대체육도 냉동실에 넣어둡니다.

가공식품은 투명용기 담아 보관
반조리 식품은 빠르게 소진하도록 반드시 투명한 용기에 담아둡니다. 즐겨 쓰는 표고버섯 밑동은 건조한 제품을 구입, 소분해 냉동해두고 사용하지요. 냉동실 서랍칸은 종류별로 묶어 분류합니다.

실온

깨, 아몬드, 호두, 땅콩과 같은 견과류는 실온에 보관합니다. 다만 장기보관 시에는 소분해 냉동보관하기도 하죠. 온도와 빛에 취약한 기름류는 어두운 색 용기에 소분해 담아 서늘한 곳에 보관해둡니다. 국수와 파스타도 물기가 닿지 않도록 밀봉해 실온보관합니다.

비건의 기본기

비건의 주재료는 채소입니다. 채소는 자르는 방법에 따라 식감이 달라질 수 있어 그 요령도 중요하지요. 만들려는 요리에 맞춰 채소를 썰어보세요. 채식 또는 비건을 시작하려는 분을 위한 페이지입니다.

감자

깍둑썰기(小)
찌개·볶음밥·덮밥

감자를 0.7cm 폭으로 편썬 후 같은 두께로 사각모양으로 가로 세로 썰어요.

슬라이스
칩·전

필러나 채칼로 0.3cm 폭으로 감자의 모양대로 얇게 썰어요.

채썰기
볶음·전·튀김

감자를 0.5cm 폭으로 편썬 후 다시 세로로 같은 두께로 썰어요.

당근

다지기
볶음밥·볶음·덮밥

당근을 0.3cm 폭으로 편썬 후 같은 두께로 사각모양으로 가로 세로 썰어요.

반달모양
볶음·덮밥

당근의 꼭지 부분을 제거하고 반 갈라, 자른 면을 눕혀놓고 0.5cm 폭으로 썰어요.

채썰기
볶음·나물·샐러드

당근을 5cm 길이로 등분해 0.5cm 폭으로 편썬 후 다시 세로로 같은 두께로 썰어요.

파

다지기
양념·죽·수프

대파를 돌려가며 세로로 칼집을 내고 그 부분을 올려놓고 잘게 썰어요.

송송썰기
찌개·볶음밥·전·국

대파의 흰 부분만 잘라 0.3cm 두께로 동그란 단면이 나오도록 썰어요.

채썰기
파채·무침

대파를 원하는 길이로 등분해 반 갈라 0.3cm 두께로 일정하게 썰어요.

파프리카

사각썰기
볶음·전골

파프리카의 양끝을 자르고 반 갈라 씨를 뺀 후 결대로 사방 1.5cm 크기로 썰어요.

채썰기
샐러드·볶음·쌈

파프리카의 양끝을 자르고 반 갈라 씨를 뺀 후 자른 면을 위로 놓고 일정하게 썰어요.

링썰기
전·피자

파프리카의 꼭지를 제거하고 씨를 뺀 후 결의 반대 방향으로 동그랗게 썰어요.

양파

다지기
소스·양념·볶음밥

양파를 반 잘라 한쪽 방향으로 0.3cm 폭으로 칼집을 넣은 후 반대 방향으로 썰어요.

사각썰기
카레·짜장·찌개·전골

양파를 반 잘라 결대로 4등분한 후 다시 반대 방향으로 4등분해요.

링썰기
튀김·구이

양파를 측면이 보이도록 올리고 결의 반대 방향으로 링 모양으로 썰어요.

애호박

다지기
죽·볶음밥·동그랑땡

애호박을 0.3cm 폭으로 편썬 후 같은 두께로 사각모양으로 가로 세로 썰어요.

채썰기
나물·비빔밥·덮밥

애호박을 5cm 길이로 등분해 0.5cm 폭으로 편썬 후 다시 세로로 같은 두께로 썰어요.

반달모양
나물·찌개·국

애호박을 반 갈라 자른 면을 눕혀놓고 0.5cm 폭으로 반달 모양으로 썰어요.

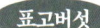 무

깍둑썰기(小)
깍두기·피클·장아찌

무를 1cm 폭으로 썰어 같은 두께로 사각모양으로 가로 세로 썰어요.

어슷썰기
찜·찌개·조림

무를 길이로 세워 원통형의 무를 돌려가며 한입 크기로 비스듬히 썰어요.

채썰기
나물·찌개·국

무를 0.5cm 폭으로 편썬 후 다시 세로로 같은 두께로 썰어요.

표고버섯

밑동찢기
무침·조림

표고버섯의 갓과 밑동을 분리한 후 버섯 밑동을 손으로 얇게 결대로 찢어요.

슬라이스
볶음·무침·찌개·비빔밥

표고버섯의 갓 부분만 분리해 모양대로 0.5cm 두께로 썰어요.

갓 칼집내기
전·전골·샤브샤브·조림

칼을 45도 각도로 어슷하게 잡은 후 표고버섯의 갓에 십자모양의 칼집을 넣어요.

비건의 조미료   채수

냉장고 속 채수, 소스, 양념 등의 조미료는 모두 직접 만들어 사용합니다. 기본 조미료를 만들어 사용하면 몸의 신진대사를 어지럽히는 화학조미료를 멀리 할 수 있음은 물론, 요리에 담백하고 깔끔한 채소 맛을 더할 수 있습니다. 그중 채수는 요리의 깊은 맛과 감칠맛을 책임지지요. 맑고 깊은 맛으로 국물요리뿐만 아니라 소스나 양념을 만들 때도 물 대신 사용해요. 매일 끓이기보다 한 번에 넉넉히 끓여 냉장 혹은 냉동보관해두면 요리의 시간도 단축시킬 수 있습니다. 간단하게 다시마와 표고버섯만 활용해서 만들거나 자투리 채소나 과일을 추가하여 만들기도 합니다.

간단 채수

끓이지 않고 재료를 상온의 물에 우려 사용하는 채수. 색이 맑고 은은한 감칠맛이 납니다. 어느 요리에나 활용 가능하며 밥을 지을 때도 사용해요.

밀봉 냉장보관 14일 | 모든 요리와 소스에 활용
- 물 3컵, 말린 표고버섯 2개, 다시마 5×5㎝ 1장
1. 넓은 볼이나 냄비에 모든 재료를 한 번에 넣고 2시간 이상 두어요.
2. 체에 걸러 사용해요.

매운 국물용 채수

매운맛을 내는 채수입니다. 국물에 말린 고추가 들어가 고추장이나 고춧가루를 사용하는 것보다 한결 깔끔한 매운맛을 내지요. 고추씨를 넣어도 좋습니다.

밀봉 냉장보관 14일 / 매운 전골·짬뽕·떡볶이에 활용
- 물 15컵, 양파 껍질째 2개, 대파 1대, 양배추 꼭지 1개, 말린 표고버섯 4개, 말린 고추 3개, 다시마 5×5㎝ 1장
1. 양파, 대파, 양배추 꼭지, 말린 고추는 큼직하게 썰어요.
2. 냄비에 분량의 물을 붓고 모든 재료를 한 번에 넣어 센불로 끓여요.
3. 한소끔 끓어오르고 10분이 지나면 다시마를 건져내고 약불로 낮추어 50분간 더 끓여요.
4. 체에 거르고 차갑게 식혀서 사용해요.

면요리용 차가운 채수

채소뿐만 아니라 과일을 함께 넣고 끓여 달콤한 맛이 도는 채수예요. 자투리 채소나 과일을 넣고 푹 끓여 우려내도 괜찮습니다.

밀봉 냉장보관 14일 | 면요리·냉국·소스에 활용

- 물 20컵, 무 600g, 사과·양파 2개씩, 배·당근 1개씩, 대파 1과1/2대, 말린 표고버섯 2개, 다시마 5×5㎝ 2장
1. 준비한 무, 사과, 양파, 배, 당근, 대파는 큼직하게 조각내요.
2. 냄비에 분량의 물을 붓고 모든 재료를 한 번에 넣어 센불로 끓여요.
3. 한소끔 끓어오르고 10분이 지나면 다시마를 건져내요.
4. 중불로 낮추어 15분 정도 더 끓인 후 체에 걸러 차갑게 식혀요.

전골용 채수

시원한 국물맛을 내기 위해 무와 마늘을 넣고 끓이는 채수입니다. 진한 국물요리에 사용하며, 요리 후 남은 자투리 채소를 추가해도 좋아요.

밀봉 냉장보관 14일 / 전골·수프·스튜에 활용

- 물 10컵, 무 500g, 양파 1/2개, 대파 1/2대, 마늘 10쪽, 말린 고추 1개, 다시마 10×10㎝ 1장
1. 무와 양파, 대파, 말린 고추는 큼직하게 썰어요.
2. 냄비에 분량의 물을 붓고 모든 재료를 한 번에 넣어 센불에 올려요.
3. 한소끔 끓으면 약불로 줄이고 채소가 물러지면 불을 꺼요.
4. 체에 걸러 식힌 후 사용해요.

> 비건의 조미료

양념

비건 요리는 고기나 유제품을 사용하지 않기에 양념의 역할이 중요합니다. 마켓에서 구입하는 시판 고추장과 된장에도 육수 베이스나 가다랑어포 등의 동물성 재료가 들어가는 경우가 많지요. 그래서 양념도 채소과 과일 베이스로 직접 만들어 사용합니다. 소개하는 양념은 보존제나 첨가물을 넣지 않고 만들어 장기보관이 어려우므로 숙성기간과 보관법을 잘 지켜야 합니다. 오랜 시행착오 끝에 완성한 용도별 황금비율 양념을 소개합니다.

만능 양념장

갖은 양념으로 만들어 국물요리나 나물요리에 넣으면 감칠맛과 매콤한 맛을 함께 내지요. 만든 지 1주일 후부터 사용해요.

밀봉 냉장보관 1개월 | 국물요리·나물무침·볶음요리에 활용

- 간장·고춧가루 1컵씩, 고추장·맛술·조청·설탕 1/2컵씩, 다진 마늘 1/3컵, 참기름 2스푼
1. 참기름을 제외한 모든 재료를 넣고 섞어요.
2. 냉장실에 넣어 1주일 숙성시켜요.
3. 참기름은 양념을 사용하기 직전에 넣어요.

황금비율 찌개양념

찌개를 끓일 때 감칠맛과 풍미를 더해주는 양념 베이스입니다. 간단 채수를 사용해 맛이 깔끔하지요. 양념이 어우러지도록 미리 만들어두었다가 활용하세요.

밀봉 냉장보관 14일 | 면요리·냉국·소스에 활용

- 간단 채수 1컵 P026 참조, 다진 파 1/2컵, 다진 마늘·고춧가루·국간장·설탕·맛술 1스푼씩
1. 간단 채수에 모든 재료를 넣고 섞어요.
2. 20분 정도 숙성시켰다가 사용해요.

매운 양념

어떤 요리에도 잘 어울리는 기본 양념입니다. 매콤한 맛이 나지만 아주 맵지 않게 즐길 수 있어요.

밀봉 냉장보관 7일 / 짬뽕·채계장·부대찌개에 활용

- 간단 채수 1컵 P026 참조, 국간장·고춧가루 2스푼씩, 다진 마늘·다진 파·올리고당 1스푼씩, 생강가루 1/2스푼
1 간단 채수에 모든 재료를 넣고 섞어요.
2 냉장실에서 3일간 숙성시킨 후 사용해요.

깐풍소스

시판 소스와 비교하면 짜고 단맛이 적은 소스예요. 채소의 풍부한 향이 매콤하게 나지요. 각종 튀김요리에 활용하기 좋아요.

밀봉 냉장보관 10일 / 깐풍두부·튀김 곁들임 소스로 활용

- 다진 청양고추 1개분, 다진 대파·간장·현미유 2스푼씩, 다진 마늘·고추기름·식초·설탕 1스푼씩
1 팬에 현미유를 두르고 고추기름과 다진 청양고추, 다진 대파, 다진 마늘을 넣고 센불에서 타지 않게 5분간 볶아요.
2 ①에 간장, 식초, 설탕을 넣고 끓어오를 때까지 저어가며 볶아요.
3 불을 끄고 식혔다가 냉장보관해요.

> 비건의 조미료

소스

비건 소스는 동물성 소스와 비교하여 그 맛이 깔끔하고 정갈해요. 자극적인 맛 대신 부드럽고 고소한 맛이지요. 소스에 넣는 채소와 과일은 향이 강하지 않은 것으로 골라주세요. 향과 맛이 너무 강하면 소스의 맛을 해칠 수 있어요. 보존기간이 짧은 편이니 필요한 만큼 만들어서 사용합니다.

비건쯔유

맛간장처럼 간장 대용으로 사용하는 조미료예요. 어느 요리든 간장 대신 넣으면 맛이 한결 부드럽고 감칠맛이 돌지요. 책 속 많은 요리에서 사용했습니다.

밀봉 냉장보관 20일 / 국수·덮밥·소스에 활용

- 말린 표고버섯 60g, 대파 뿌리 2개, 다시마 5×5㎝ 2장, 간장·맛술 2컵씩, 청주 1/2컵, 설탕·연두 1/2스푼씩, 물 1과1/2컵
1. 냄비에 분량의 물을 붓고 말린 표고버섯과 대파 뿌리, 다시마를 넣고 센불에서 끓여요.
2. 끓어오르면 다시마만 건져내고 중불로 낮추어 15분 정도 끓여요.
3. 간장, 맛술, 청주, 설탕, 연두를 넣고 한소끔 끓여 체에 걸러요.

비건마요네즈

견과류와 오일을 주재료로 만든 소스입니다. 고소하고 담백해 빵 또는 샐러드에 듬뿍 넣어도 느끼하지 않게 즐길 수 있어요.

밀봉 냉장보관 10일 / 샌드위치·샐러드에 활용

- 두유 2/3컵, 현미유 1과1/3컵, 아마씨파우더·설탕·식초 2스푼씩, 레몬즙 1스푼, 소금 1/2스푼
1. 현미유를 제외한 모든 재료를 믹서에 넣고 갈아요.
2. 재료가 곱게 갈려서 섞이면 현미유를 넣고 걸쭉해지도록 갈아요.

김페스토

김 특유의 향과 참기름의 고소한 향이 맴도는 페스토에요. 이것만 있으면 간편하게 비빔국수, 덮밥, 볶음밥을 만들 수 있어요. 다양한 재료로 페스토를 만들어보세요.

밀봉 냉장보관 7일 / 볶음밥·덮밥·비빔국수에 활용

- 김 50장, 검은깨 1스푼, 참기름 3스푼, 현미유 1컵, 소금 약간
1. 믹서에 현미유를 제외한 모든 재료 넣고 갈아요.
2. 재료가 곱게 갈려 섞이면 현미유를 넣고 걸쭉해지도록 갈아요.

아보카도페스토

고소한 아보카도로 만들어 빵이나 샐러드에 곁들이기 좋은 소스입니다. 레시피의 재료를 믹서에 갈아 만들면 더 부드럽고 고소한 아보카도페스토가 되어요.

밀봉 냉장보관 7일·냉동보관 3주 / 샌드위치·샐러드에 활용

- 아보카도 1개, 올리브유 1컵, 레몬즙 1스푼, 소금·후춧가루 약간씩
1. 아보카도는 반 갈라 씨를 제거해 과육만 준비해요.
2. ①의 아보카도를 포크로 으깨어 올리브유와 섞어요.
3. 아보카도와 올리브유가 어느 정도 섞이면 레몬즙과 소금, 후춧가루로 간해 완성해요.

031

비건의 가공식품 비건버터

가공식품은 미리 만들어두고 사용합니다. 달걀, 우유 등의 동물성 재료 대신 채소, 콩, 견과류를 베이스로 버터나 치즈 등을 직접 만들다보면 자신의 식생활을 이해하는데 큰 도움이 되지요.
그중 비건버터는 치즈와 함께 활용도가 높습니다. 동물성 버터에 비해 부드러움은 적지만 담백한 맛이 좋지요. 비건버터를 만들 때는 배합표가 중요한데, 특히 현미유와 코코넛오일의 양을 정확히 지켜야 합니다. 재료 중 견과류는 오래되면 묵은 맛이 나니 유통기한을 반드시 확인하세요.

비건버터 밀봉 냉동보관 60일 / 빵·쿠키·샌드위치·햄버거에 활용

- 코코넛오일 1컵, 두유·코코넛밀크·아몬드가루 1/2컵씩, 레몬즙 1/2개, 죽염·뉴트리셔널 이스트 1/2스푼씩, 현미유 3스푼

1. 믹서에 코코넛오일을 제외한 모든 재료를 넣고 곱게 갈아요.
2. ①에 코코넛오일을 조금씩 넣어가며 갈아요.
3. 크리미한 상태가 되도록 곱게 갈아요.
4. 밀폐용기에 소분해 냉동보관해두고 실온해동 후 사용해요.

비건의 가공식품   비건치즈

시판 비건치즈는 논비건치즈와 식감이 비슷하지만 가격이 높고 첨가물도 소량 들어 있지요. 직접 비건치즈를 만들어 사용하기를 권합니다. 요리에 넣으면 그 맛이 훌륭해요. 만든 후 냉장실에 두고 숙성시키면 치즈의 맛이 더 풍부해집니다. 치즈 특유의 쿰쿰한 맛은 덜하지만 일반 치즈 대체식품으로 비건햄버거, 비건피자. 비건파스타 등에 활용하기 좋습니다.

비건치즈 밀봉 냉장보관 10일 / 치즈그라탕·버거·피자·샌드위치에 활용

- 캐슈너트·정제수 1컵씩, 아몬드 1/2컵, 레몬즙 1/2개분, 고구마녹말가루 3스푼, 죽염 1/2스푼

1. 캐슈너트와 아몬드는 3시간 정도 물에 불려놓아요.
2. 레몬즙은 사용 직전에 직접 즙을 내요.
3. 레몬즙 외의 모든 재료를 믹서에 넣고 곱게 갈아요.
4. 냄비에 ③을 넣고 중불에서 눌어붙지 않게 저어가며 5분 동안 끓여요.
5. 불을 끄고 레몬즙을 넣은 뒤 고루 섞어요.
6. 밀폐용기에 소분해 냉장실에서 하루 정도 숙성시켜요.

비건의 가공식품   비건김치

한국인에게 김치는 없어서는 안 될 소울푸드입니다. 어릴 적 어머니가 해준 김치를 비건식으로 만들어보았습니다. 비건김치는 젓갈을 넣지 않고 채소, 과일로 우린 채수를 넣고 만들어 깔끔하고 시원한 맛이 특징이지요. 김치냉장고에서 익혀 먹으면 더욱 깊은 맛이 납니다. 양념 배합 시 마늘과 생강의 양에 주의하세요. 마늘이 많으면 누린 맛이, 생강이 많으면 쓴맛이 날 수 있습니다. 비건김치로 김치찌개를 끓일 때는 전골용 채수와 다진 마늘, 다진 파를 추가하세요.

비건김치

밀봉 냉장보관 365일 / 김치찌개·김치찜·볶음밥·전·만두에 활용

- 배추 5포기, 절임물(물 5리터, 굵은 소금 2컵)

김치소 무 1개, 당근 1/4개, 쪽파·부추 1단씩, 홍고추 2개

양념 간 양파 1개, 다진 마늘 2스푼, 생강즙 1스푼, 고춧가루·죽염 1컵씩
찹쌀풀(찹쌀가루 2스푼, 물 1컵)

1. 배추는 밑동을 잘라 시든 겉잎을 떼어내고 밑동에서 전체 3분의 1지점까지 칼집을 넣어 손으로 쪼개요.
2. 반으로 쪼갠 배추를 절임물에 충분히 적셔요. 썬 단면이 위로 가게 해 남은 굵은 소금을 배추의 줄기에 조금씩 뿌려 반나절 정도 두어요.
3. ②를 흐르는 물에 3~4차례 헹궈 배추 썬 단면이 밑을 향하도록 채반에 올려 6시간 두어요.
4. 냄비에 물, 찹쌀가루를 넣고 풀어 점성이 생길 때까지 약불에서 저어가며 찹쌀풀을 만들어요.
5. 무와 당근은 0.3cm 두께로 채썰고, 쪽파와 부추는 7cm 길이로 썰어요. 홍고추는 어슷썰어요.
6. 고춧가루에 간 양파, 다진 마늘, 생강즙, 죽염, 찹쌀풀을 섞고 ⑤를 넣어 김치소를 만들어요.
7. 물기를 뺀 절임배추를 뒤집어놓고 잎의 뒷면부터 김치소를 바르듯 넣어요. 줄기 부분에만 켜켜이 소를 넣은 후 잎사귀에는 손에 묻은 양념만 바른 후 김치통에 담아요.
8. 겨울에는 이틀, 여름에는 하루 정도 실온에 익힌 후 냉장고에 넣어요.

비건의 여행키트

짧은 여행이라도 다녀올라치면 비건의 여행가방은 짐이 한가득입니다. 자유롭게 외식을 하기 어려우니, 필요한 먹을거리는 스스로 챙겨야 하지요. 비건라면으로만 버티기는 어렵습니다. 몇 가지 소스와 가루를 만들어두면 언제고 여행용 키트를 준비할 수 있어요. 비건 여행 키트만 있다면 2주일은 끄떡없습니다.

후리카케 밀봉 냉동보관 1개월 / 볶음밥·주먹밥·고로케·덮밥에 활용

- 새송이버섯 2개, 팽이버섯 2봉, 당근·연근·브로콜리 1개씩, 청경채 2개, 구운 김 2장
1 새송이버섯과 당근, 연근은 모양대로 얇게 편썰어요. 팽이버섯, 청경채는 밑동을 제거해 분리하고 브로콜리는 작은 송이로 나누어놓아요.
2 식품 건조기에 ①을 넣고 70℃에서 7시간 말려요.
3 믹서에 모든 재료를 넣고 가루가 되도록 갈아요.

1

2

3

약고추장 밀봉 냉장보관 20일 / 비빔밥·볶음밥에 활용

- 고추장·다진 버섯·다진 양파 1컵씩, 다진 파·현미유 1/2컵씩, 설탕 1/4컵, 다진 마늘 2스푼, 비건쯔유 P030 참조·참깨 1스푼씩
1 현미유를 두른 팬에 다진 양파와 다진 파를 넣어 중불에서 타지 않게 저어가며 볶아요.
2 양파가 투명해지면 다진 버섯과 다진 마늘을 넣고 볶아요.
3 ②에 고추장, 설탕, 비건쯔유를 넣고 졸이듯 약불로 10분 정도 볶은 후 불을 끄고 참깨를 섞어 완성해요.

땅콩버터

밀봉 냉장보관 10일 / 샌드위치·쿠키·탄탄면에 활용

● 땅콩 200g 올리브유·설탕 1과1/2스푼씩, 소금 1꼬집

1 땅콩은 기름을 두르지 않은 팬에서 약불로 타지 않게 볶아 껍질을 벗겨요.
2 믹서에 ①의 땅콩과 설탕을 넣고 곱게 갈아요. 씹히는 식감을 원한다면 살짝만 갈아요.
3 땅콩이 고운 가루가 되면 올리브유와 소금을 넣고 걸쭉해질 때까지 갈아요.

+ 올리브유를 더할수록 버터가 묽어져요. 취향에 따라 가감해요.

1 2 3

비빔장

밀봉 냉장보관 10일 / 비빔국수·비빔냉면·무침요리에 활용

● 고추장·참기름·아가베시럽 2스푼씩, 다진·다진 마늘·설탕·매실액·통깨 1스푼씩, 농도 조절용 물 1/2컵

1 분량의 재료를 준비해 물을 제외한 재료를 섞어요.
2 맛을 보면서 물을 1스푼씩 넣어가며 농도를 맞춰요.

1 2 3

[vegan]

일상요리

두부요리 · 국물요리 · 술안주 · 도시락

SUBJECT 01

두부가 지겨운 날

비건에게 두부는 없어서는 안 될 식재료입니다. 만약 두부가 없다면 영양 결핍이 생기지 않을까? 걱정이 앞설 만큼 비건에겐 최고의 단백질 공급원이지요. 그만큼 자주 먹고 또 그만큼 질리기 쉬운 식재료이기도 합니다. 두부를 즐기지 않는 비건이라면 고민이 될 만도 하지요.

제 기억 속의 두부의 첫 맛 역시 어머니가 끓여주던 된장찌개의 뽀얀 두부입니다. 지금은 면두부로 파스타도 즐겨 만들죠. 비건으로 살면서 하나둘 두부를 활용하는 요리를 연구한 결과입니다. 두부가 좋다는 건 알지만 즐기지 못 한다면 이제부터 조리법을 바꿔보세요. 두부에 대한 편견만 버린다면 두부로 만들 수 있는 메뉴도 무궁무진해집니다. 그중 제가 제일 좋아하는 두부 레시피는 두부무조림입니다. 두부와 무에 양념이 잘 배어 식감도 좋지요. 남은 양념으로 김가루와 참기름을 넣고 밥에 비벼 먹어도 별미입니다. 연두부를 갈아 소스로 활용해도 특별합니다.

포두부잡채덮밥

01

마트에서 건두부를 봤어요. 어떤 요리를 할까요?

"무궁무진합니다. 그중 포두부잡채덮밥을 추천해요."

두부를 얇게 잘라 말린 건두부(포두부)는 구하기도 쉽고 보관도 용이해 활용도가 높아요. 남녀노소 거부감 없이 즐기기 좋은 식재료입니다. 저는 꽤 오랫동안 가족모임을 집에서 가져왔는데, 그때 선보여 히트친 메뉴이기도 해요. 비건에게는 배달음식도 외식도 쉬운 일이 아니니 모임 때마다 어른, 아이 모두가 좋아하는 간단한 일품요리를 고민합니다. 그러다 돼지고기 대신 포두부를 넣은 잡채덮밥을 만들었지요. 포두부의 꼬들꼬들한 식감이 잡채밥의 풍미를 더해줘요.

재료 밥 1공기, 포두부 1/3팩(30g), 당면 40g, 양파 1/2개, 빨강 파프리카·노랑 파프리카·당근 1/4개씩, 표고버섯 1개, 현미유 1스푼, 후춧가루 1꼬집

양념 비건쯔유 3스푼 P030 참조, 올리고당·참깨 1스푼씩, 참기름 1/2스푼

1 당면은 미지근한 물에 2시간 불려요.
2 끓는 물에 포두부와 불린 당면을 각각 3분씩 삶아 체에 밭쳐 물기를 빼요. 삶은 당면은 찬물에 헹구면 면발이 더 쫄깃해져요.
3 양파와 파프리카, 당근, 표고버섯은 채를 썰어요.
4 팬에 현미유를 두르고 채썬 당근을 볶다가 준비한 양파, 파프리카, 표고버섯을 넣고 센불에서 3분간 볶아 후춧가루를 뿌려요.
5 분량의 재료를 모두 섞어 양념을 만들어요.
6 볼에 포두부와 삶은 당면, ④의 볶은 채소와 양념을 넣어 버무려 밥 위에 올려 먹어요.

TIP
쌈두부로 만들어도 맛나요.
꼬들하고 쫄깃한 포두부는 면두부, 넓은 면두부, 쌈두부 등으로 판매되지요. 쌈두부를 구입해 원하는 두께로 잘라 국수처럼 사용해도 좋아요.

템페샐러드

템페를 맛있게 먹고 싶어요.

"자~ 템페를 튀겨 샐러드를 만들어보겠습니다."

인도네시아 전통 발효식품인 템페는 콩으로 만들어 우리나라 메주와 비슷한 식재료예요. 다만 간이 전혀 되어 있지 않아 호불호가 강하지요. 저도 몇 년 전에 접했는데 맛을 내기가 쉽지 않더군요. 그래서! 튀겼지요. 튀겨서 맛없는 음식이 없잖아요. 튀겨보니 바삭하고 고소한 맛이 더해져 샐러드로 즐기기 좋더군요. 템페는 자체에 간이 없어 소스와 즐기거나 조림을 해서 드시길 권해요. 올리브유나 이탈리안드레싱과도 잘 어울려요.

재료 템페 50g, 샐러드용 채소·샐러드용 과일 100g씩, 현미유 4스푼
드레싱 레몬즙 1/2개분, 설탕 1스푼, 다진 마늘·참기름 1/4스푼씩, 소금 3꼬집, 올리브유 5스푼

1 분량의 재료를 모두 섞어 레몬드레싱을 만들어요.
2 템페는 큐브모양으로 잘라 현미유를 두른 팬에서 중불로 2분간 구워요.
3 템페가 노릇해지면 중불에서 2분 정도 더 구워요.
4 샐러드용 채소와 과일은 먹기 좋은 크기로 잘라요.
5 접시에 손질한 채소와 과일, 구운 템페를 올리고 레몬드레싱을 곁들여 즐겨요.

냉동 템페는 30분 실온해동 후 조리해요.
국내 판매 중인 템페는 모두 냉동 제품이지요. 실온에서 30분간 해동 후 용도에 맞게 잘라 사용하세요.

두부차슈

03
두부를 고기처럼 즐길 수 있을까요?

"암요~ 암요~ 두부로 차슈를 만들어봅시다!"

제가 처음 채식을 시작했던 30년 전 해도 비건 제품이 거의 없었지요. 그러다보니 두부와 버섯이 냉장고에서 떨어질 날이 없었어요. 여러 가지 조리법과 소스로 두부를 질리지 않고 먹는 방법을 연구하는 나날이었죠. 두부차슈는 제가 아끼는 메뉴 중 하나예요. 두부를 튀겨 캐러멜 효과가 날 때까지 졸이면 누구라도 좋아할 만한 맛이 납니다. 관건은 양념을 태우지 않고 캐러멜처럼 만드는 거예요. 중간중간 두부를 칼로 찌르면서 졸이면 양념이 속까지 배어 더 맛있답니다.

재료 두부 1/2모, 덧가루용 녹말가루 1/2컵, 현미유 3스푼

양념 양파 1/4개, 청고추·홍고추 1/2개씩, 비건쯔유 3스푼 P030 참조, 다진 마늘·조청·설탕 1/2스푼씩

1. 두부는 1.5cm 두께로 썰어 면포에 올려 물기를 빼요. 칼집을 내줘도 좋아요.
2. 양파와 고추를 잘게 다져 남은 재료와 섞어 양념을 만들어요.
3. ①의 두부 앞뒷면에 덧가루용 녹말가루를 묻혀요.
4. 팬에 현미유를 두르고 ③의 두부를 넣고 중불에서 5분간 구워요.
5. 준비한 양념을 넣고 두부에 끼얹어가며 캐러멜화가 될 때까지 약불에서 졸여 완성해요.

두부는 중불에서 오래 구워요.
녹말가루를 묻힌 두부는 금세 타기 쉬워요. 기름을 넉넉히 둘러 중불에서 튀기듯 오래 구워주세요.

두부오믈렛

비건이라면 오믈렛은 포기해야겠죠?

"달걀이 없어도 만들 수 있습니다. 오.믈.렛!"

평소 혼자 한끼를 해결해야 할 때 즐겨 만드는 메뉴가 오믈렛입니다. 포두부만 있다면 문제없지요. 포두부를 달걀피 삼아 채소볶음을 올려 모양을 잡으면 정말 맛있답니다. 양파와 마늘을 볶아 향을 낸 기름으로 채소를 볶으면 그 맛이 배가되지요. 달걀을 쓰지 않고도 충분히 맛있고 영양가 있는 메뉴를 만들 수 있답니다. 간편하면서도 든든해 많은 분들께 추천하는 메뉴이기도 해요.

재료 두부 1/2모, 포두부 1장, 토마토 1/2개, 양파 1/3개, 대파 1/4대, 다진 마늘 1/2스푼, 비건쯔유 P030 참조·토마토케첩 2스푼씩, 후춧가루 1꼬집, 포도씨유 4스푼

샐러드 베이비채소 적당량, 방울토마토 1~2개, 취향에 맞는 드레싱 적당량

1 두부는 으깨고 토마토, 양파, 대파는 사방 0.5cm 크기로 썰어요.
2 팬에 포도씨유 3스푼을 두르고 다진 마늘과 ①의 양파, 대파를 넣어 센불에서 볶아요.
3 ②에 으깬 두부와 토마토를 넣고 센불로 3분간 볶은 후 비건쯔유, 토마토케첩, 후춧가루를 넣고 1분 정도 더 볶아요.
4 다른 팬에 포도씨유 1스푼을 두르고 뜨거워지면 포두부를 놓고 그 위에 ③을 올려요.
5 포두부의 가장자리를 접어 타원형으로 만들고 약불에서 앞뒤로 1분씩 구워 완성해요. 준비한 샐러드와 함께 즐겨요.

콩의 비린맛이 싫으면 데쳐 사용해요.
두부오믈렛을 만들 때 콩의 비린 맛이 싫다면 두부를 끓는 물에 한 번 데쳐 사용해도 좋아요. 데친 두부는 물기를 짠 후 으깨야 포슬포슬한 식감을 낼 수 있습니다.

두부난자완스

05 손님상을 빛내줄
두부요리가 필요해요!

"손님상에는 역시 푸짐한 중화요리지요~"

보통 손님을 초대한 날이면 중식 메뉴를 찾게 되지요. 하지만 비건과 논비건이 함께 즐길 만한 일품요리를 찾기가 쉽지 않습니다. 그래서 구하기 쉬운 소스와 재료로 직접 만들어보기로 했죠. 모두에게 익숙한 메뉴인 난자완스를 고기 대신 두부로 만들었어요. 손님들도 무척 맛있게 즐겼던 기억이 있습니다. 난자완스에 채소를 더하면 영양도 풍부해요. 완자를 튀길 때는 기름의 온도를 잘 체크해 뭉친 반죽이 풀리지 않게 재빨리 튀기세요.

1

3

4

6

두부난자완스

재료 두부 1/2모, 양파·당근 1/4개씩, 느타리버섯 1/2줌, 표고버섯 1/2개, 소금·후춧가루 1꼬집씩, 빵가루·참기름·녹말가루 1스푼씩, 덧가루용 녹말가루 2스푼, 해바라기씨유 4컵

소스 양파·청피망·홍피망 1/4개씩, 현미유·비건쯔유 P030 참조 2스푼씩, 소금 2꼬집, 녹말물(녹말1:물2) 1/2스푼, 간단 채수 1/2컵 P026 참조

1 두부는 면포에 싸서 물기를 빼요.

2 양파, 당근, 느타리버섯, 표고버섯은 잘게 다지고 소금과 후춧가루로 간을 맞춰요.

3 볼에 두부와 다진 채소, 빵가루, 참기름, 녹말가루를 넣고 반죽해 동전 크기로 뭉친 후 덧가루용 녹말가루에 굴려줘요.

4 튀김냄비에 해바라기씨유를 붓고 180℃로 달궈지면 ③을 넣고 5분 정도 노릇하게 튀겨요.

5 소스용 양파와 피망을 채썰어 현미유를 두른 팬에서 센불로 1분간 볶아요.

6 ⑤에 비건쯔유와 소금, 간단 채수를 넣고 끓기 시작하면 녹말물을 조금씩 넣어가며 농도를 맞춰 소스를 끓여요.

7 튀긴 난자완스에 ⑥의 소스를 끼얹어 완성해요.

후무스

06
두부 말고 콩으로 만든 요리 없을까요?

"당연히 많죠! 세계의 채식인구가 얼마나 많은데요."

세계 채식인구가 즐겨 찾는 식재료를 꼽는다면 단연 콩일 겁니다. 중국의 또우장, 일본의 낫또, 독일의 린젠아이토프, 이슬람의 팔라펠처럼 각 나라 문화권별로 자랑할 만한 콩 요리가 한 가지씩은 있지요. 오늘은 중동 지역에서 디핑소스로 불리는 〈후무스〉를 배워봅시다! 출장 중 현지 레스토랑에서 맛보고 반했던 병아리콩 후무스의 맛이 아직도 생생해요. 돌아와 제 방식으로 간단하게 만들어봤지요. 샌드위치나 크래커에 발라 먹어도 아주 맛나요.

재료 병아리콩 1/2컵, 참깨 70g, 올리브유 4스푼, 레몬즙 3스푼,
다진 마늘 1/2스푼, 소금 1/4스푼, 후춧가루 1꼬집, 병아리콩 삶은 물 8스푼

1　병아리콩은 6시간 이상 물에 불려요.

2　불린 병아리콩을 냄비에 담고 병아리콩 위로 1.5cm 높이까지 물을 붓고 센불에서 30분 정도 끓여요.

3　삶은 병아리콩은 찬물에 헹구어 건지고, 병아리콩 삶은 물은 보관하여 채수로 사용해요.

4　믹서에 참깨를 넣고 갈다가 올리브유, 레몬즙, 다진 마늘, 소금, 후춧가루를 넣어요.

5　원하는 농도가 되도록 병아리콩 삶은 물을 나눠 넣어가며 곱게 갈아 완성해요.

콩 삶은 물은 버리지 말아요!
병아리콩 삶은 물은 여러모로 쓸모 있어요. 휘핑해 크림이나 버터처럼 쓸 수도 있고, 후무스를 만들 때는 채수 대신 넣어 농도를 조절합니다.

비건마파두부

07
마파두부도 비건식으로 맛보고 싶어요.

"고기만 빼면 중국집 맛을 낼 수 있어요!"

중식당에서 우리가 흔히 먹는 마파두부에서 고기만 빼면 비건마파두부가 됩니다. 고기만 빼고 중국집에서 먹는 것과 같은 맛과 향을 낼 수 있지요! 비건이라는 이유로 먹지 못할 메뉴는 없답니다. 마파두부의 비밀은 고기가 아닌 걸쭉한 소스에 있어요. 녹말가루에 두부를 묻혀 튀기는 것도 잊지 마세요. 연두부로 만들면 더 부드러운 마파두부를 즐길 수 있습니다.

재료 두부 1/2모, 양파 1/2개, 표고버섯 2개, 청고추·홍고추 1/2개씩, 깻잎 2~3장, 덧가루용 녹말가루 1/2컵, 튀김용 해바라기씨유 2컵, 파기름(다진 파 1/2대분, 해바라기씨유 4스푼)

양념 고추기름 2와1/2스푼, 두반장 1과/2스푼, 녹말물(녹말1:물2) 2스푼, 다진 마늘·다진 생강·설탕 1스푼씩, 비건쯔유 1/2스푼 P030 참조, 물 1컵

1. 두부와 양파, 표고버섯은 사방 0.5cm로 깍둑썰어요. 고추는 어슷썰어요.
2. 깍둑썬 두부에 덧가루용 녹말가루를 묻혀요.
3. 팬에 튀김용 해바라기씨유를 붓고 170℃로 달궈지면 ②의 두부를 넣고 노릇하게 튀겨요.
4. 분량의 재료를 섞어 양념을 만들어요.
5. 파기름을 만들어요. 달군 팬에 다진 파와 해바라기씨유를 두르고 중불에서 1분간 타지 않게 볶아요.
6. ⑤에 양파를 넣어 5분간 볶다가 튀긴 두부와 표고버섯을 넣고 센불로 올려 1분간 더 볶아요.
7. ⑥에 양념과 어슷썬 고추를 넣고 센불에서 2분간 졸여요.
8. 그릇에 담고 깻잎을 곱게 채썰어 얹어요.

TIP

파기름으로 요리의 풍미를 더해요.
팬에 해바라기씨유, 다진 파를 넣고 열을 가해 파의 수분이 날아갈 정도로 볶아내면 요리의 풍미도 좋아져요. 넉넉히 만들어 냉장실에 넣어두고 사용해도 좋아요.

Chef's Choice 튀기고, 굽고, 볶고… 두부반찬

매일 똑같은 두부요리가 너무 지겹다? 혹시 늘 같은 방법으로 두부를 조리하지 않나요? 두부에 녹말가루만 묻혀 튀겨내도 바삭함과 쫄깃함이 살아납니다. 다양한 방법으로 두부를 즐겨보세요. 두부와 완벽히 다른 식감의 샐러드나 콩나물, 쫄깃한 버섯을 곁들이면 더 맛있게 즐길 수 있어요.

【두부강정】 with 양념 파채

재료 두부 1모, 녹말가루 6스푼, 소금 1/4스푼, 후춧가루 1꼬집, 해바라기씨유 2컵

소스 고추장·다진 마늘·다진 청고추·다진 홍고추 1스푼씩, 비건쯔유 P030 참조·조청 2스푼씩, 설탕 1/2스푼, 물 3스푼

파채무침 파채 1줌, 통깨·고춧가루·매실액 1스푼씩, 비건쯔유·식초·참기름 1/2스푼씩

1 분량의 재료를 섞어 소스를 만들어요.
2 두부는 사방 2㎝ 크기로 깍둑썰어 녹말가루를 묻혀요.
3 튀김용 팬에 해바라기씨유를 붓고 180℃로 달궈지면 ②의 두부를 넣고 노릇하게 튀긴 후 기름기를 제거해요.
4 팬에 ①의 소스와 소금, 후춧가루, 튀긴 두부를 넣고 센불에서 소스가 어우러지도록 볶아요.
5 파채는 찬물에 10분간 담갔다가 체에 밭쳐 물기를 빼요.
6 통깨를 제외한 재료를 섞어 파채와 무친 후 마지막에 통깨를 뿌려요.
7 그릇에 ④의 두부강정과 ⑥의 파채무침을 담아내요.

【아게다시도후】

재료 연두부 1모, 무 1cm 두께 1토막, 쪽파 3뿌리, 녹말가루 1/2컵, 소금·후춧가루 1꼬집씩, 해바라기씨유 2컵

튀김용 소스 다시마 5×5cm 1장, 월계수잎 2장, 다진 양파·비건쯔유 P030 참조 1스푼씩, 간장·설탕 1/2스푼씩, 물 1/2컵

1. 연두부는 찬물에 담가 간수를 뺀 후 소금을 뿌려 5분간 물기를 빼고 면포로 닦아요.
2. 냄비에 튀김용 맑은 소스 재료를 모두 넣고 끓기 시작하면 다시마를 건지고 약불에서 3분간 더 끓여요. 건더기는 체에 밭쳐 소스만 걸러내요.
3. ①의 연두부를 사방 3㎝ 크기로 깍둑썰어 녹말가루를 묻혀요.
4. 팬에 해바라기씨유를 붓고 기름이 달궈지면 녹말가루 묻힌 연두부를 넣고 센불에서 노릇하게 튀겨요.
5. 무는 강판에 갈아서 준비하고 쪽파는 송송 썰어 준비해요.
6. 튀긴 연두부를 접시에 담고 ②의 맑은 소스를 뿌리고 준비한 갈은 무와 쪽파, 후춧가루를 곁들여요.

【두부무조림】

재료 두부 1모, 무 5cm 두께 1토막, 대파 1/2대, 홍고추 1/2개, 포도씨유 3스푼, 간단 채수 1과1/2컵 P026 참조

양념 비건쯔유 4스푼 P030 참조, 고춧가루 2스푼, 간장·맛술·다진 마늘 1스푼씩

1. 무는 2cm 크기로 도톰하게 썰고, 대파와 홍고추는 어슷썰어요.
2. 분량의 재료를 섞어 양념을 만들어요.
3. 오목한 팬에 무를 깔고 ②의 양념 절반을 뿌린 후 간단 채수를 살며시 부어 뚜껑을 덮고 약불에서 15분간 끓여요.
4. 두부는 1.5cm 두께로 납작하게 썰어 포도씨유를 두른 팬에서 앞뒤 노릇하게 구워요.
5. ③에 구운 두부와 대파, 홍고추, 그리고 남은 양념을 넣고 뚜껑을 덮고 중불에서 국물을 끼얹어가며 5분간 끓여요. 국물이 1/3로 줄어들면 불을 꺼요.

[vegan]

일상요리

- 두부요리
- 국물요리
- 술안주
- 도시락

SUBJECT 02   얼큰한 국물이 그리운 날

국물요리는 요리 고수에게도 힘든 부분입니다. 특히 육수가 아닌 채수를 사용하는 비건에게는 더 어려운 요리지요. 국물이 밍밍하면 아무리 양념해도 맛이 나지 않으니까요. 맛있는 비건 국물요리의 비결은 맛있는 채수에 있습니다. 그렇다면 맛있는 채수를 끓이는 비결은 뭘까요?
무엇보다 넉넉한 채소가 필요합니다. 순수 채소인 무, 대파, 양파, 버섯 등을 충분히 넣고 센불로 끓이다가 한소끔 끓어오르면 중불로 낮추어 끓여 한 김 식혀요. 완성한 채수는 냉장고에 두고 여러 국물요리에 사용합니다. 기본 채수만 맛있다면 소금이나 국간장만으로 충분히 깊은 맛이 나지요. 비건의 여름 보양식인 채계장을 비롯해 샤브샤브, 밀푀유, 짬뽕 등도 맛있는 채수만 있다면 문제없습니다.
책의 앞쪽에 간단 채수, 면요리용 차가운 채수, 매운 국물용 채수, 전골용 채수 만드는 법을 자세히 설명했습니다. 미처 채수를 준비하지 못 했다면 양파나 마늘을 볶아 향을 낸 후 준비한 채소를 함께 볶은 뒤 물을 부어 국물요리를 만듭니다.

비건감자탕

08 감자탕은 불가능하겠죠?

"비건감자탕이라고 들어보셨나요?"

고기, 즉 동물성 재료만 뺀다면 어떤 요리든 가능합니다. 감자탕도 예외일 수는 없지요. 감자탕은 주로 술안주로 즐기는 국물요리죠. 하필 제가 술을 즐기지 않는데다 채식을 시작하면서 그마저도 끊어 감자탕을 즐겨 먹을 기회가 없었습니다. 레시피를 연구해 지인들에게 비건감자탕을 몇 차례 해줬는데 모두 그 맛이 비슷하다고 좋아했죠. 감자와 무가 충분히 익도록 오래 끓여낸 게 팁입니다.

재료 (2인분) 감자 3개, 무 3cm 두께 1토막, 삶은 시래기 2줌, 표고버섯 3개, 청양고추·홍고추 1/2개씩, 대파 1대, 말린 표고버섯 밑동 150g, 전골용 채수 5컵 P027 참조

양념 고춧가루·들깨가루 4스푼씩, 비건쯔유 3스푼 P030 참조, 된장·다진 마늘 1과1/2스푼씩, 고추장·연두 청양초맛 1스푼씩, 다진 생강 1/2스푼

1 감자는 껍질을 벗겨 30분 정도 물에 담가 녹말기를 빼요. 말린 표고버섯 밑동은 따뜻한 물에 30분간 담갔다가 으깨어두어요.
2 분량의 재료를 모두 섞어 양념을 만들어요.
3 감자와 무는 사방 4cm 크기로 깍둑썰고, 표고버섯은 채썰고, 고추와 대파는 어슷썰어요.
4 냄비에 전골용 채수를 붓고 깍둑썬 감자와 무를 넣어 센불로 15분간 끓여요.
5 감자와 무가 반쯤 익으면 삶은 시래기와 표고버섯, 고추, 대파, 으깬 표고버섯 밑동 그리고 양념을 넣어요.
6 감자와 무가 투명해지면 중불로 낮추어 15분간 끓여내요.

양념장은 미리 만들어요.
고춧가루는 충분히 불려야 매운맛이 나고 텁텁한 맛이 사라져요. 양념장을 미리 만들어놓으면 고춧가루의 매운맛이 제대로 나요.

타진

09 색다른 찌개요리를 알려주세요.

"모로코의 전통찌개 타진을 아시나요~."

한국의 된장찌개와 비슷한 이색 요리, 모로코의 전통 찌개요리 타진을 추천합니다. 모로코 여행을 다녀온 친구의 추천으로 만들기 시작한 요리인데, 모로코 전통 뚝배기에 넣고 끓여내죠. 여러 가지 채소와 향신료를 넣고 스튜처럼 끓여 깊은 맛이 납니다. 된장찌개도 이 뚝배기에 끓이면 더 맛있게 즐길 수 있답니다. 뚝배기를 여러모로 활용해 보세요.

재료   애호박 1/3개, 감자 1/2개, 양파 1/4개, 표고버섯 2개, 홍고추 1개, 대파 1/3대, 쌀뜨물 3과1/2컵
두부튀김   두부 1/2모, 녹말가루 5스푼, 해바라기씨유 2컵
양념   된장 1과1/2스푼, 다진 마늘·큐민·연두 1스푼씩

1 두부는 사방 2cm 큐브모양으로 잘라 물기를 제거한 후 녹말가루를 묻혀 해바라기씨유를 부은 팬에서 노릇하게 튀겨요.
2 애호박, 감자, 양파는 사방 1cm로 깍둑썰고, 표고버섯과 홍고추, 대파는 얇게 슬라이스해요.
3 뚝배기에 쌀뜨물을 붓고 된장을 푼 후 깍둑썬 감자를 넣어 센불에서 10분간 끓여요.
4 감자가 반 정도 익으면 애호박, 양파, 표고버섯, 홍고추, 다진 마늘, 튀긴 두부, 연두를 넣고 중불에서 10분간 끓여요.
5 ④에 대파와 큐민을 넣고 중불에서 3분간 끓여내요.

TIP 쌀뜨물은 두번째 씻은 물로 사용해요.
쌀뜨물을 사용할 때는 반드시 쌀을 씻은 두번째 물을 사용하세요. 첫번째 씻은 물은 농약이나 먼지 등의 불순물이 남아 있을 수 있어요.

비건마라탕

10 얼얼한 마라탕,
비건식으로 가능할까요?

"인기 메뉴! 비건으로 맛봅시다."

하루는 우리 스태프가 비건마라탕 파는 곳을 찾았다며 직접 사 와 함께 맛을 보았죠. 제 입맛에는 얼얼한 약간 자극적인 매운맛이었는데, 모두들 맛있어하더라고요. 그래서 직접 만들어보았습니다. 장안의 화제인 메뉴들, 비건도 당연히 맛봐야죠. 요즘 인기 있는 마라탕도 비건식으로 맛을 내보겠습니다. 미리 준비한 전골용 채수와 동물성 성분이 없는 마라소스만 있다면 비건마라탕도 언제든 즐길 수 있어요.

1

4

5

비건마라탕

재료 (2인분)	푸주(중국식 건두부)·분모자 당면·넓적 당면 2줄씩, 건두부면 30g, 숙주 1줌, 청경채 2개, 새송이버섯·느타리버섯 1/2팩씩, 팽이버섯·목이버섯 25g씩, 대파 1/4대, 매운 국물용 채수 2컵 P026 참조
양념	마라소스 2스푼, 라조장 3스푼, 다진 마늘 1스푼, 소금 2꼬집, 현미유 4스푼

1. 푸주와 분모자 당면, 목이버섯은 미지근한 물에 2시간 불려요.
2. 넓적 당면은 미지근한 물에 1시간 불렸다가 5분 정도 끓는 물에 데쳐서 찬물에 헹궈요.
3. 청경채, 느타리버섯, 팽이버섯은 밑동을 잘라 가닥가닥 분리하고 새송이버섯은 0.5cm 두께로 채썰어요. 대파는 어슷썰어요.
4. 달군 팬에 현미유를 두르고 다진 마늘을 볶다가 향이 나면 목이버섯을 제외한 버섯을 모두 넣고 센불에서 3분 정도 볶아요.
5. 마라소스와 라조장을 섞어 ④에 넣고 함께 볶아요.
6. 매운 국물용 채수를 붓고 준비한 ①과 ②, 소금 2꼬집을 더해 센불에서 5분간 끓여요.
7. 숙주, 청경채, 대파, 건두부면을 넣고 센불에서 5분간 더 끓여요.

밀푀유버섯두부전골

11
육수가 핵심인 전골요리는 어렵겠죠?

"밀푀유버섯두부전골은 어떠세요?"

간단하게 육수를 채수로만 변경하면 가능합니다. 기본 채소에 무와 마늘을 추가로 넣고 끓인 전골용 채수를 이용하면 어떤 전골요리도 맛있게 만들 수 있지요. 특별한 날 가족과 함께 즐기는 밀푀유버섯두부전골을 소개합니다. 냄비에 재료를 가지런히 담고 전골용 채수를 부어 끓여 드시면 됩니다. 채소를 담을 때 이쑤시개를 활용하면 재료를 흐트러지지 않게 담을 수 있어요. 담음새가 중요한 요리예요.

재료 (2인분) 알배추 1포기, 느타리버섯·팽이버섯 1/2팩씩, 두부 1모, 비욘드미트 햄버거 패티 1장, 유부 1/2봉, 당근·양파 1/2개씩, 표고버섯·청경채 2개씩, 숙주 4줌, 쑥갓 1줌, 깻잎 10장, 전골용 채수 4와/2컵 P027 참조

소스 비건쯔유 4스푼 P030 참조, 국간장 1스푼, 고추냉이 약간

---

1. 알배추, 느타리버섯, 팽이버섯은 밑동을 잘라 줄기를 분리해요.
2. 두부와 비욘드미트는 1cm 두께로 납작하게 자르고, 당근과 양파, 표고버섯 1개도 0.3cm 두께로 슬라이스해요.
3. 유부는 끓는 물에 데쳐 반으로 잘라요.
4. 도마 위에 알배추 1장을 놓고 그 위에 깻잎 → 당근 → 유부 → 두부 → 표고버섯 → 비욘드미트 → 느타리버섯 → 깻잎 → 알배추 순으로 쌓은 후 3등분 해요.
5. 전골냄비에 숙주를 깔고 채썬 양파를 흩뿌려요.
6. 전골냄비 둘레에 ④를 두르고 중앙에 팽이버섯, 청경채, 쑥갓을 놓아요. 남은 표고버섯 1개의 갓에 칼집을 내어 중앙에 올려요.
7. 분량의 재료를 모두 섞어 소스를 만들어요.
8. ⑥에 전골용 채수를 부어 끓이면서 소스에 찍어 먹어요.

이쑤시개로 재료를 고정해요.
알배추잎 위에 쌓은 재료들이 무너지지 않도록 이쑤시개나 꼬치를 이용해 고정하세요. 그래야 잘랐을 때 단면이 깔끔하게 유지되어요.

비건짬뽕

12
짬뽕이 생각나는 날이 있어요.

"매콤한 고추기름에 채소부터 볶읍시다!"

비건짬뽕은 우리 가족과 스태프 모두가 즐기는 메뉴입니다. 스태프 밀로 냄비 가득 끓여놓고 먹기도 하지요. 매콤한 국물에 채소 한가득 넣고 끓이면 순식간에 냄비 바닥이 드러나죠. 짬뽕은 비건으로 만들어도 맛이 심심하지 않고 건더기가 많아 먹는 내내 즐거워요. 중국집에서 내는 불맛을 느끼고 싶다면 준비한 채소를 구워서 넣으세요. 풍미가 더욱 좋아집니다.

재료 (2인분)	칼국수 생면 150g, 애호박·양파·당근 1/4개씩, 양배추 1/8통, 청경채 2개, 느타리버섯 1/2줌, 표고버섯 1개, 매운 국물용 채수 3컵 P026 참조
양념	비건 쯔유 3스푼 P030 참조, 고운 고춧가루 1스푼, 고추기름 1/2스푼, 소금 3꼬집, 후춧가루 1꼬집

1 애호박은 반달모양으로 자르고, 양파와 당근, 양배추는 0.5㎝ 두께로 채썰어요. 청경채와 느타리버섯은 밑동을 잘라 분리하고, 표고버섯은 먹기 좋은 크기로 썰어요.
2 생면은 끓는 물에 5분간 삶아 찬물에 헹궈 체에 밭쳐요.
3 팬에 고추기름을 두르고 ①의 채소와 고운 고춧가루를 넣고 센불에서 3분 정도 볶아요.
4 ③에 매운 국물용 채수를 붓고 센불에서 10분간 끓여요.
5 삶아둔 생면을 넣고 비건쯔유와 소금, 후춧가루로 간해요.

채수 양을 줄이면 볶음짬뽕도 가능해요.
짬뽕 재료에서 매운 국물용 채수의 양을 줄이고 녹말물(녹말1:물2)을 추가하면 국물 없는 볶음짬뽕을 만들 수 있어요. 녹말물은 채수 1컵 기준, 3큰술이 적당해요.

비건미역국

13
생일인데 맛있는 미역국이 먹고 싶어요.

"들기름 또는 참기름에게 맡겨보세요."

생일에 미역국은 드셔야죠! 미역국도 고기만 빼면 간편하게 비건식으로 만들 수 있지요. 고기 뺀 미역국이 무슨 맛이냐고요? 채수와 들기름 또는 참기름만 있어도 충분합니다. 오히려 미역국은 다른 국물 요리보다 조리법도 쉬워요. 표고버섯을 슬라이스해 들기름에 들들 볶다가 불린 미역과 다진 마늘을 넣고 한 번 더 볶아 채수를 붓고 끓이면 끝이지요. 미역국은 오래 끓이면 간이 세질 수 있으니 먹을 만큼만 덜어 데워 드세요.

재료 미역 20g(불린 미역 50g), 표고버섯 1개, 비건쯔유 2스푼 P030 참조,
(2인분) 다진 마늘·들기름 1스푼씩, 소금 2꼬집, 간단 채수 2컵 P026 참조

1. 미역은 잠길 정도의 물을 부어 30분 동안 불려요.
2. 불린 미역은 한입 크기로 잘라주고, 표고버섯은 밑동까지 모양대로 0.5cm 두께로 편썰어요.
3. 팬에 들기름을 두르고 표고버섯을 넣어 센불에서 2분간 볶아요.
4. 표고버섯이 익으면 불린 미역과 다진 마늘을 넣고 중불에서 2분 정도 더 볶아요.
5. 간단 채수를 붓고 센불에서 15분간 끓인 후 비건쯔유와 소금으로 간해요.

표고버섯은 저온압착 기름으로 볶아요.
표고버섯을 볶을 때는 고온압착한 들기름이나 참기름 대신 저온압착한 생 들기름과 생 참기름을 추천해요. 그래야 태우지 않고 버섯을 볶을 수 있어요.

비건부대찌개

14
부대찌개도 비건으로 만들 수 있나요?

"우리에겐 콩햄과 콩소시지가 있습니다."

비건으로 만든 콩햄과 콩소시지만 있다면 비건부대찌개도 어렵지 않게 만들 수 있습니다. 제가 비건을 시작할 당시만 해도 비건용 햄을 구하기가 쉽지 않아 두부와 당면 등을 많이 넣고 부대찌개를 끓여 즐겼죠. 지금은 다양한 비건용 제품이 많이 나와 기호에 맞게 재료를 추가해 만들기 좋습니다. 다만 당면이나 면 종류는 한 번 삶아 넣어야 국물 맛을 해치지 않으니 꼭 따로 준비해 넣으세요.

재료 (2인분) 콩햄 250g, 두부 1/2모, 비건소시지 3개, 팽이버섯 1/4팩, 표고버섯·양송이버섯 2개씩, 대파 1/4대, 매운 국물용 채수 2컵 P026 참조

양념 청양고추 1개, 다진 대파 1컵, 고춧가루 4스푼, 다진 마늘·비건쯔유 P030 참조 2스푼씩, 고추장 1/2스푼, 된장·설탕 1/4스푼씩

1. 콩햄과 두부는 적당한 두께로 슬라이스하고, 비건소시지는 어슷 썰어요.
2. 팽이버섯은 밑동만 잘라 적당하게 뜯어요. 표고버섯과 양송이버섯은 슬라이스하고, 대파는 반 갈라 길게 채썰어요.
3. 청양고추는 다져서 나머지 재료와 섞어 양념을 만들어요.
4. 넓은 냄비에 콩햄과 두부, 비건소시지, 팽이버섯, 표고버섯, 양송이버섯, 대파를 둘러 담고 가운데 ③의 양념을 올려요.
5. 매운 국물용 채수를 붓고 센불에서 15분간 끓여내요.

취향대로 재료를 추가해요.
소시지, 떡사리, 당면, 라면사리, 곤약 등 취향에 맞게 재료를 추가해도 좋아요. 버섯가루를 첨가하면 더욱 진한 국물 맛을 느낄 수 있어요.

국물요리와 함께 먹는 일품 덮밥요리

국물요리는 역시 밥과 함께 먹어야 제맛이지요. 국물요리와 함께 내기 좋은 일품 덮밥요리를 소개합니다. 일품요리는 하나의 그릇에 담아내는 특별식 같은 요리로 영양소가 고루 들어가 영양의 균형도 잘 맞지요. 취향에 따라 다양한 채소와 토핑을 곁들여 색다르게 즐겨도 좋습니다.

【콩나물밥】

재료(2인분) 콩나물 2줌, 쌀·밥물 1과1/2컵씩, 현미유 1스푼, 콩나물 삶는 물(소금 2꼬집, 물 2컵)

양념장 비건쯔유 4스푼 P030 참조, 다진 쪽파·청주·참기름·통깨·고춧가루 1스푼씩, 다진 마늘 1/2스푼, 후춧가루 1꼬집, 어슷썬 홍고추 약간

1. 콩나물은 꼬리를 떼고 씻어 체에 받쳐 물기를 빼요.
2. 쌀은 씻어 30분 정도 불렸다가 동량의 물과 현미유 1스푼을 넣어 고슬고슬하고 윤기 있게 밥을 지어요.
3. 콩나물은 물 2컵과 소금을 넣은 후 센불에서 10분간 삶아 건져요.
4. 밥이 뜸들 때쯤 삶아놓은 콩나물을 얹어 뚜껑을 덮고 5분간 더 뜸을 들여요.
5. 분량의 재료를 섞어 양념장을 만들어요.
6. 콩나물밥은 주걱으로 고루 섞고 양념장을 곁들여요.

【채소구이덮밥】

재료 밥 1공기, 브로콜리 1줄기, 새송이버섯 1개, 양송이버섯·방울토마토 1/2개씩, 애호박·단호박 약간씩, 현미유 1스푼

양념 비건쯔유 3스푼, 물·다진 파 1스푼씩, 참기름 1/2스푼

1. 브로콜리는 작은 줄기로 준비하고 버섯과 방울토마토를 반 갈라 준비해요.
2. 애호박은 0.7cm 두께로 슬라이스하고, 단호박은 반달모양으로 1cm 두께로 잘라요.
3. 팬에 현미유를 둘러 채소를 모두 넣고 중불에서 5분간 구워줘요.
4. 분량의 재료를 섞어 양념을 만들어요.
5. 그릇에 밥을 담고 구운 채소들을 올린 후 양념을 곁들여요.

【김치볶음밥】

재료 밥 1공기, 다진 김치 1/3컵, 양파 1/8개, 새송이버섯 1/4개, 고춧가루 1스푼, 소금·후춧가루 1꼬집씩, 현미유 2스푼

1. 양파, 새송이버섯은 사방 0.5cm 크기로 썰어요.
2. 팬에 현미유 2스푼을 두르고 다진 김치를 넣고 센불에서 3분간 볶다가 고춧가루를 넣고 다시 1분 정도 볶아요.
3. ②에 양파와 새송이버섯을 넣고 3분 정도 더 볶아요.
4. 밥을 넣고 중불에서 5분간 섞으며 볶다가 소금, 후춧가루로 간해 마무리해요.

[vegan]

일상요리

○ 두부요리　　○ 국물요리　　● 술안주　　○ 도시락

SUBJECT 03   술맛 돋우는 안주가 필요한 날

술을 즐기지 않지만 술자리에 빠지지는 않습니다. 비건이 되어서도 못 끊는 게 술자리가 아닌가 싶어요. 하지만 술집에서 비건으로서 즐길 수 있는 안주는 오직 감자튀김 밖에 없었죠. 그래서 집에서 술안주를 하나씩 만들기 시작했습니다. 소주, 맥주, 와인, 막걸리 그날의 주종에 따라 만드는 술안주도 달라지죠. 상상력을 발휘하다보니 버섯꼭지로 골뱅이 없는 골뱅이무침도 만들게 되었습니다.

알코올 도수가 높은 소주에는 주로 얼큰한 국물요리를 준비합니다. 비건어묵탕, 비건 짬뽕, 버섯조림탕 등을 곁들이죠. 톡 쏘는 맥주는 바삭하게 튀긴 안주가 어울리지요. 두부튀김, 감자튀김, 감자칩, 콜리플라워튀김, 마약콘옥수수구이 등을 만들어냅니다. 포도와 오크향의 와인은 한식 양념보다는 비건치즈를 곁들인 카나페나 샐러드, 과일칩, 채소칩처럼 가벼운 느낌의 안주를 매칭합니다.

비오는 날이면 막걸리 한잔에 전을 부쳐 준비하죠. 김치전, 버섯전, 채소전 뭐든 잘 어울립니다. 새콤달콤 무쳐낸 버섯꼭지와 소면무침도 막걸이에 단짝입니다.

버섯꼭지와 소면무침

골뱅이소면무침에 한잔 하고 싶어요.

"버섯과 양념으로 골뱅이무침 만들어봅니다."

저도 가끔 그리운 맛입니다. 채식을 시작하기 전에 즐겨찾던 단골집 대표메뉴가 골뱅이소면무침이었죠. 양념에 무친 골뱅이와 소면, 참기름의 조화로 인기가 많았지요. 채식을 시작한 후로는 어디서도 골뱅이의 식감을 찾을 수가 없었는데, 표고버섯 밑동(버섯꼭지)을 양념에 버무려 그 느낌을 내봤습니다. 말린 표고버섯 밑동을 물에 불렸다가 갈아 사용하면 수분이 빠지면서 양념이 잘 배어 더 맛있어요.

재료 소면 1줌, 말린 표고버섯 밑동(버섯꼭지) 200g, 적채 1/8통, 오이 1/2개, 당근 1/4개, 대파 1/4대

양념 고추장·고춧가루·식초·맛술·설탕·깨소금 1스푼씩, 간단 채수 P026 참조·매실청 3스푼씩, 비건쯔유 P030 참조·다진 마늘·참기름 1/2스푼씩

1 말린 표고버섯 밑동은 끓는 물에 30분간 삶아 체에 밭쳐 물기를 빼요.
2 적채와 오이, 당근은 채썰고 대파는 어슷썰어요.
3 분량의 재료를 섞어 양념을 만들어요.
4 삶은 표고버섯 밑동을 준비한 ③의 양념에 무쳐요.
5 소면은 끓는 물에 넣고 젓가락으로 저어가며 끓이다가 거품이 올라오면 찬물을 2차례 부어가며 삶은 뒤 찬물에 헹궈 체에 밭쳐요.
6 접시에 삶은 소면을 타래지어 올리고, 양념에 무친 표고버섯 밑동과 준비한 채소들을 차례대로 담아요.

 TIP
삶은 표고버섯 밑동은 미리 양념에 무쳐놓아요.
삶은 표고버섯 밑동은 소면을 삶기 전에 미리 양념에 무쳐 간이 배도록 준비해요. 밑동을 3~4갈래로 찢어서 양념하면 시간도 절약되어요.

감자칩

16
간단한 맥주 안주가 필요해요.

"맥주에는 감자칩이죠!"

비건, 논비건 할 거 없이 모두가 좋아하는 감자칩은 저 역시 즐기는 안주입니다. 감자는 저렴하고 구하기도 쉽고 조리법도 다양해 여러모로 활용하기 좋은 재료지요. 자르는 방법에 따라 막대형 프렌치프라이, 반달모양의 웨지감자, 으깨 뭉친 해시브라운 등 튀김 메뉴명도 달라집니다. 그중 감자칩은 조리시간이 가장 짧아 언제고 즐기기 좋아요.

재료 감자 1개, 파슬리가루·현미유 1/2스푼씩

갈릭마요 비건마요네즈 1스푼 P030 참조, 다진 마늘 1/2스푼, 파슬리가루 1꼬집

1 감자는 채칼로 얇게 슬라이스해 물에 10~15분 담가두어 녹말기를 빼요.
2 끓는 물에 소금 1꼬집(분량 외)를 풀고 녹말기를 제거한 감자 슬라이스를 넣어 30초간 살짝 익혀요.
3 파슬리가루와 현미유를 고루 섞어 ②의 감자에 묻혀요.
4 에어프라이어를 160℃로 맞추고 ③을 10분 정도 튀겨요.
5 소스 재료를 모두 섞어 갈릭마요 디핑소스를 만들어 튀긴 감자칩과 즐겨요.

TIP
슬라이스한 감자는 살짝 데쳐요.
감자 슬라이스는 끓는 물에 살짝 데쳐 사용해요. 그러면 감자의 녹말질이 익으면서 굳어 튀겼을 때 쉽게 불거나 부서지지 않지요. 에어프라이어가 없다면 170℃로 달군 해바라기씨유에 살짝 튀겨주세요.

채식 어묵탕

17 소주만 마시면
뜨끈한 어묵탕이 생각나요.

"추억의 오뎅탕 소환합니다."

어묵탕에 소주 한잔 기울이던 시간까지 포기할 수는 없지요. 시판 중인 채식 어묵으로 조리하면 추억까지 되돌릴 수 있습니다. 저 역시 비건이 되기 전까지 어묵을 즐겨 먹었어요. 이후 채식을 하며 어묵을 잊고 살다가 10년 전쯤 대만에서 비건어묵을 발견한 후 다시 추억의 어묵을 맛볼 수 있었습니다. 추운 겨울날 채식 어묵탕을 앞에 두고 소중한 사람과 소주 한잔을 기울여보세요.

2

3

4

채식 어묵탕

재료	비건어묵 220g, 무 3cm 두께 1토막, 배추 1/8개, 당근 1/4개
맑은 국물	비건쯔유 2스푼 P030 참조, 다진 마늘 1스푼, 소금 1/2스푼, 후춧가루 1꼬집, 전골용 채수 3컵 P027 참조
매운 국물	고춧가루·비건쯔유·다진 마늘 2스푼씩, 고추장 1/2스푼, 매운 국물용 채수 3컵 P026 참조

1. 무는 큼직하게 자르고 당근은 반달모양으로 썰어요. 비건어묵은 먹기 좋게, 배추는 길게 잘라요.
2. 냄비에 전골용 채수 또는 매운 국물용 채수를 붓고 큼직하게 자른 무를 넣어 센불에서 10분간 끓여요.
3. 무가 익으면 준비한 비건어묵과 당근, 배추를 넣고 끓여요.
4. 원하는 국물의 양념을 섞어 넣고 센불에서 5분 끓여 완성해요.

콜리플라워튀김

18
술안주용 튀김, 어떤 메뉴가 좋을까요?

"비건 인기 안주, 콜리플라워튀김 맛보셨나요?"

콜리플라워튀김은 최근 인기를 끌고 있는 비건 안주예요. 비주얼도 특별하고 영양도 훌륭해 술안주로 내기에 좋지요. 콜리플라워는 생으로는 떫은맛이 강한데 익히면 단맛이 살짝 돌아요. 저도 몇 년 전 우연히 찾은 멕시칸 음식점에서 오븐에 통째로 구워낸 콜리플라워를 맛보고 그 맛과 식감에 깜짝 놀랬었죠. 그저 소금과 후춧가루로만 간을 했는데 너무 맛있었어요. 콜리플라워튀김은 그보다 더 맛있답니다. 차가운 맥주와 즐기길 권해요.

재료 콜리플라워 1개, 베이비채소 약간, 레몬 1조각, 해바라기씨유 3컵
튀김옷 튀김가루 1컵, 양파가루 1스푼, 얼음물 2/3컵
소스 바비큐소스 2와1/2스푼, 홀스래디쉬소스·조청 1스푼씩

---

1 콜리플라워는 깨끗이 씻어 면포로 물기를 닦고 꽃봉오리 부분을 적당한 크기로 잘라요.
2 분량의 재료를 섞어 소스를 만들어요.
3 튀김가루와 양파가루, 얼음물을 섞어 튀김옷을 만들어 ①의 콜리플라워에 튀김옷을 입혀요.
4 튀김용 팬에 해바라기씨유를 붓고 180℃로 달궈 ③의 튀김옷 입힌 콜리플라워를 넣어 노릇하게 튀겨요.
5 접시에 담아 소스를 곁들이고 취향대로 샐러드를 준비해요.

 TIP
얼음을 넣어 튀김옷 온도를 낮춰요.
튀김옷에 각얼음을 몇 개 넣으면 튀김이 바삭해져요. 튀김옷의 온도가 낮을수록 뜨거운 기름과의 온도차로 바삭함이 더해요.

나초+살사

19
혼술에 어울리는 초간단 비건 안주 있나요?

"불이 필요 없는 초간단 나초와 살사입니다."

초간단 비건 안주는 아주 많지요. 나초와 살사도 그중 하나예요. 감칠맛 도는 살사소스와 식욕을 자극하는 바삭한 나초의 궁합이 술안주로 그만이지요. 무엇보다 간단하고 빠르게 준비할 수 있습니다. 그저 채소를 다지기만 하면 됩니다. 한 가지 주의사항은 나초의 칼로리가 생각보다 높다는 사실이죠. 바삭한 나초와 매콤한 살사소스에 자꾸 손이 가다보면 자칫 한끼 식사 칼로리를 넘길 수 있답니다.

재료   나초 적당량
살사소스 토마토 1과1/2개, 양파 1/2개, 다진 할라피뇨 3스푼, 타바스코 1스푼, 레몬즙 1/4스푼, 소금·후춧가루 1꼬집씩

---

1 토마토와 양파는 잘게 다져요.
2 다진 양파는 찬물에 잠시 담가 매운맛을 빼요.
3 볼에 다진 토마토와 ②의 양파, 다진 할라피뇨, 타바스코, 레몬즙, 소금, 후춧가루를 넣고 섞어 살사를 만들어요.
4 준비한 나초 위에 살사를 올려 먹어요. 취향에 따라 고수를 더해도 좋아요.

살사용 양파는 물에 담가 사용해요.
살사소스에 양파를 생으로 다져 넣으면 매운맛이 강할 수 있어요. 다진 양파는 반드시 찬물에 10분간 담갔다가 체에 밭쳐 물기를 제거한 후 소스와 섞어요.

매콤콩나물국

20
해장할 때 어떤 요리 드시나요?

"얼큰한 콩나물국 맛있게 끓이는 법을 알려드립니다."

해장에는 얼큰한 속풀이용 국물요리가 딱입니다. 콩나물은 아스파라긴산 성분이 들어 있어 숙취 해소에 좋지요. 어릴 적 할머니께서 끓여주던 콩나물국을 무척 좋아했기에 콩나물국은 자신 있습니다. 특별한 콩나물 해장국을 원한다면 채수에 채썬 무를 넣고 끓여주세요. 한층 더 개운한 해장국이 완성됩니다. 한 솥 끓이면 언제 다 먹었는지도 모를 만큼 순식간에 없어지는 메뉴예요.

재료 (2인분) 콩나물 1줌, 청양고추 1개, 대파 1/4대, 다시마 5×5cm 1조각, 다진 마늘 1스푼, 비건쯔유 P030 참조·고춧가루·소금 1/2스푼씩, 매운 국물용 채수 2컵 P026 참조

1. 청양고추는 잘게 다지고 대파는 어슷썰어요.
2. 냄비에 매운 국물용 채수를 붓고 끓기 시작하면 콩나물과 다시마를 넣어 뚜껑을 연 채로 센불에서 4~5분간 끓여요.
3. 콩나물이 투명하게 익으면 다시마를 빼내고 다진 청양고추와 다진 마늘, 비건쯔유, 고춧가루, 소금을 넣어요.
4. 그릇에 콩나물국을 담고 어슷썬 대파를 올려요.

냄비 뚜껑은 연 채로 또는 닫은 채로 끓여요.
콩나물을 넣고 냄비 뚜껑은 닫거나 혹은 열어둔 채로 끓여요. 그래야 콩의 비린내가 나지 않아요. 이때 다시마 조각을 넣어주면 국물에 감칠맛이 더해요.

마약콘치즈마요

21
자꾸 손이 가는 마약 안주 없을까요?

"중독성 강한 마약콘치즈마요를 소개합니다."

콘치즈마요는 자꾸 생각나고 먹고 싶은 맛이지요. 중독성이 강해 '마약'이라는 수식어를 덧붙였습니다. 만들기도 간단하고 맛도 좋아 자주 해 먹는 안주예요. 해외에서도 비건 메뉴로 메뉴판에서 손쉽게 찾을 수 있어 어디서든 부담없이 즐길 수 있습니다. 집에서 만들 때는 동물성 성분이 들어가지 않는 재료를 엄선해 만드세요. 비건치즈와 비건마요네즈가 꼭 필요합니다.

재료 통조림 옥수수 1캔(200g), 비건모차렐라치즈(바이오라이프) 100g, 비건마요네즈 5스푼 P030 참조, 편썬 마늘 2스푼, 설탕·파슬리가루 1/2스푼씩, 현미유 1스푼

1 통조림 옥수수는 체에 밭쳐 물기를 빼놓아요.
2 뚜껑이 있는 팬에 현미유를 두르고 편썬 마늘을 넣고 센불에서 40초간 볶아요.
3 ②에 물기를 제거한 옥수수콘을 넣고 2분간 더 볶아요.
4 비건마요네즈와 설탕을 넣고 고루 섞은 뒤 약불로 낮춰요.
5 비건모차렐라치즈를 적당한 크기로 잘라 올리고 파슬리가루를 뿌린 후 뚜껑을 닫아요.
6 약불에서 치즈가 완전히 녹을 때까지 기다려요.

TIP
팬 대신 에어프라이어로도 만들어요.
레시피 속 재료를 모두 섞어 종이그릇에 담아 180℃의 에어프라이어에서 7분간 돌려주세요. 에어프라이어를 활용하면 옥수수 식감이 더욱 살아나요.

주종별 추천 비건 안주

술안주를 준비하다보면 주종별로 대표하는 메뉴가 있죠. 제게는 소시지야채볶음, 카나페, 배추전이 그렇습니다. 모두 만들기도 간단해 빠르게 준비하기 좋지요. 특히 소시지 야채볶음과 배추전은 한끼로 즐기기에도 그만입니다.

【소주 안주 ▶ 소야】

재료 베지 비엔나소시지 120g, 피망·적양파 1/4개씩, 새송이버섯 1개, 다진 마늘 1/4스푼, 현미유 3스푼

양념 토마토케첩 3스푼, 물 2스푼, 설탕 1스푼, 간장 1/2스푼

1. 피망과 적양파, 새송이버섯은 사방 2cm 한입 크기로 잘라요.
2. 팬에 현미유를 두르고 달궈지면 다진 마늘을 넣고 센불에서 2분 정도 볶아요.
3. 베지 비엔나소시지를 넣고 센불에서 2분간 더 볶아요.
4. 비엔나소시지가 익으면 ①의 채소를 넣고 센불에서 3분간 볶아요.
5. 양념을 모두 넣고 잘 섞일 때까지 볶다가 채소가 다 익으면 불을 꺼요.

【막걸리 안주 ▶ 배추전】

재료   알배기배춧잎 4장, 홍고추 약간, 현미유 2스푼
반죽옷 부침가루·튀김가루 1/2컵씩, 물 1컵, 소금 2꼬집

1   부침가루, 튀김가루, 물, 소금을 멍울 없이 골고루 섞어 반죽옷을 만들어요.
2   적당한 크기의 배춧잎을 골라 반죽옷에 담갔다가 꺼내요.
3   팬에 현미유를 넉넉하게 두르고 반죽옷을 입힌 배춧잎을 올려요.
4   홍고추를 어슷썰어 ③에 올리고 앞뒤로 노릇하게 지져요.

【와인 안주 ▶ 카나페】

재료   비건비스킷 6개, 아보카도 1/2개, 방울토마토 3개, 바질잎 3장, 발사믹 글레이즈 약간

1   아보카도는 껍질과 씨를 제거하고 얇게 슬라이스해요.
2   방울토마토는 반으로 자르고, 바질잎도 적당한 크기로 잘라요.
3   비건비스킷 위에 아보카도 → 방울토마토 → 바질잎 순으로 올리고 발사믹 글레이즈를 뿌려요.

[vegan]

일상요리

- 두부요리
- 국물요리
- 술안주
- **도시락**

SUBJECT 04

생존 도시락 메뉴가
고민되는 날

비건에게 도시락은 생존 음식입니다. 뗄레야 뗄 수가 없지요. 논비건이야 어디서나 손쉽게 외식을 할 수 있지만 비건에게 외식은 극히 한정적이니까요. 국물요리는 어림도 없고 그나마 가능한 비빔밥과 비빔국수도 달걀과 고기는 꼭 빼달라고 신신당부를 해야 하지요. 그러니 비건에게 도시락은 생명줄과 다름없습니다. 하지만 도시락 싸는 일은 여러모로 쉽지 않은 일입니다. 어떻게 하면 손쉽게 도시락을 쌀 수 있을지 많은 분들이 물어오는데, 제가 드리는 대답은 '습관 들이기'입니다. 전날 미리 반찬을 준비해두는 거죠. 바쁜 아침에는 준비해둔 반찬만 조합해 도시락을 쌉니다.

도시락용 반찬은 2가지 조건이 필요한데 첫째 식어도 맛의 변화가 없고, 둘째 시간이 지나도 물기가 생기지 않아야 합니다. 비건김치, 나물무침, 각종 전, 볶음요리가 제가 즐겨 만드는 도시락용 반찬들입니다. 늦잠으로 도시락 쌀 시간이 부족하다면 김자반으로 작은 주먹밥을 만듭니다. 매실장아찌나 마늘쫑처럼 짭조름한 반찬을 속에 넣고 뭉치면 간편하면서도 맛도 좋은 10분 도시락이 완성됩니다.

옥수수두부크럼블도시락

피크닉용 도시락 메뉴 추천해주세요.

"비건 버전으로 두부스크럼블을 만들어보겠습니다."

서양요리 중에 만들기 쉽고 간단해 누구나 할 수 있는 요리가 에그스크럼블이죠. 메인으로, 서브로 요모조모 활용하기 좋은 메뉴입니다. 비건 버전으로도 이런 메뉴가 있다면 참 유용할 것 같다는 생각에 두부로 스크럼블을 만들었지요. 두부를 으깨 양념해 볶으면 부드러운 에그스크럼블 느낌이 납니다.

재료 밥 1공기, 부침용 두부 1/2모, 옥수수콘 1/2컵, 양파 1/4개, 파프리카 약간, 방울토마토 1개, 현미유 2스푼, 간장 1과1/2스푼, 설탕 1스푼, 소금·후춧가루 1/2스푼씩

1 두부는 물기를 짠 후 으깨어 현미유 1스푼을 두른 팬에서 중불로 5분간 볶아요.
2 양파와 파프리카는 잘게 다지고 방울토마토는 반 갈라요.
3 팬에 현미유를 1스푼 두르고 옥수수콘과 다진 양파, 다진 파프리카를 넣어 센불에서 3분간 볶아요.
4 양파가 투명해지면 소금과 후춧가루로 간하고, 간장과 설탕을 넣고 센불에서 3분간 졸여요.
5 ①의 볶은 두부를 ④에 넣고 다시 한 번 섞어가며 볶아요.
6 도시락통에 밥과 나누어 담고 반 자른 방울토마토를 올려내요.

단단한 부침용 두부로 만들어요.
연두부, 순두부, 부침용, 찌개용 중 두부스크램블은 단단한 부침용 두부로 만듭니다. 부침용 두부의 물기를 꼭 짜서 볶아요.

케일쌈밥도시락

23
도시락이지만 일품요리처럼 즐기고 싶어요!

"그럴 때 케일쌈밥이 딱이죠~."

채식을 시작한 후로 도시락을 정말 많이 쌌는데, 자주 만든 메뉴 중 하나가 케일쌈밥이에요. 양념된장만 있으면 짧은 시간 내로 준비할 수 있고, 식감도 좋아 도시락 메뉴로 안성맞춤이죠. 무엇보다 다른 반찬 고민할 거 없이 일품으로 즐길 수 있어 좋습니다. 쌈 속에 된장 소스를 넣고 돌돌 말면 끝이지요. 한입 크기로 싸면 동글동글 귀여운 일품도시락이 완성됩니다.

재료 밥 1공기, 케일 5장, 장식용 과일과 견과류 약간씩
양념장 된장·고춧가루 1/2스푼씩, 땅콩 분태·참기름·설탕 1스푼씩, 다진 마늘 1/4스푼

1 분량의 재료를 섞어 양념장을 만들어요.
2 끓는 물에 소금 2꼬집(분량 외)을 풀고 케일을 데치다가 물이 진한 초록빛이 되면 불을 끄고 건져 곧장 찬물에 담가요.
3 데친 케일을 펴고 그 위에 밥과 ①의 양념장을 넣어 돌돌 말아요.
4 적당한 크기로 잘라 도시락 통에 담고 남은 양념장도 곁들여요.
5 준비한 과일과 견과류를 먹기 좋게 썰어 넣어 완성해요.

잎채소는 데쳐 바로 찬물에 담가요.
잎채소는 잎사귀 쪽은 얇고 줄기 쪽이 두꺼워 끓는 물에 오래 데치면 잎사귀 쪽이 물러지기 쉬워요. 살짝 데친 후 찬물에 담갔다 꺼내 줄기 쪽만 잘라내면 쌈도 잘 싸지고 식감도 좋아요.

비건스시도시락

24
스시도시락도 쌀 수 있나요?

"식감과 비주얼의 차이! 비건스시가 있습니다."

저는 어릴 때부터 익히지 않은 날것에 대한 거부감이 있어 스시보다는 롤이나 김밥을 즐겨왔습니다. 채식을 하면서도 이런 취향은 변하지 않았는데, 의외로 스시를 그리워하는 채식 친구들이 많더군요. 친구들을 위해 재료와 식감을 고민해 비건스시를 하나둘 만들기 시작했어요. 만들다보니 맛있는 스시의 비밀은 밥에 있었습니다. 밥에서 반 이상 승부가 갈리지요. 단촛물 섞은 밥을 단단하게 뭉쳐 스시를 만들어야 모양이 풀어지지 않아요.

재료 밥 1공기, 새송이버섯 1개, 두부 3×6cm 2개, 연근 1/4개,
(8개분) 아스파라거스·두릅 2개씩, 올리브유 2스푼, 현미유 1과1/2스푼, 소금·후춧가루 1꼬집씩, 와사비 적당량, 김밥용 김 0.7×10cm 4장
단촛물 식초·설탕 1스푼씩, 소금 2꼬집

---

1 새송이버섯은 두툼하게 슬라이스해 사선모양의 칼집을 넣어 현미유를 두른 팬에서 구워요. 그릴 자국이 생길 정도로만 빠르게 구워야 수분 없이 쫄깃해요.

2 아스파라거스는 질긴 부분의 껍질만 벗겨 두릅과 함께 끓는 물에 소금 2꼬집(분량 외)을 넣고 데쳐요. 두릅 줄기를 손으로 눌렀을 때 살짝 들어가면 모두 건져 찬물에 헹궈 물기를 제거해두어요.

3 연근을 0.5cm 두께로 슬라이스해 두부와 현미유 1스푼을 두른 팬에서 각각 구워요. 두부는 노릇하게 수분이 없어지도록 굽고, 연근은 구운 후 토치로 살짝 그을려 불향을 입혀요.

4 밥을 제외한 모든 재료에 올리브유와 소금, 후춧가루를 뿌려요.

5 단촛물을 만들어 밥에 섞어 초밥을 만들어요.

6 손에 물을 묻혀가며 초밥을 길게 모양을 잡은 후 와사비를 취향대로 올려요.

7 ⑥의 초밥 위에 준비한 채소를 하나씩 올려요. 아스파라거스와 두릅은 적당한 크기로 잘라 올린 후 롤 모양으로 김으로 감싸요.

> **TIP**
> **스시용 재료 손질하기**
> 아보카도, 오이 등을 추가해도 좋습니다. 초밥에 올리는 채소는 수분이 나오지 않도록 물기를 제거해 조리하는 게 포인트예요.

옛날도시락

가장 맛있었던 도시락이 궁금해요.

"옛날도시락을 아십니까?"

제가 학창시절에 몰래 까먹던 도시락이죠. 도시락은 밥과 좋아하는 반찬을 골고루 넣어 만드는 전통적인 스타일이 가장 맛있는 거 같아요. 각기 다른 조리법의 반찬을 넣어 다양한 식감과 맛을 즐길 수 있지요. 오늘은 보기만 해도 침이 고이는 애호박전과 버섯볶음, 그리고 어묵채소꼬치로 도시락을 만들었습니다. 식어도 맛이 변하지 않는 반찬으로 구성하는 게 중요해요.

구성 밥 1공기+반찬 3종+장식용 레몬
애호박전 애호박 1/6개, 절임용 소금 1꼬집, 녹말가루·현미유 2스푼씩
버섯볶음 느타리버섯 1/2줌, 간장 1/2스푼, 설탕·참기름 1/4스푼씩
어묵꼬치 비건어묵 1/2장, 브로콜리 약간, 방울토마토 2개

1 애호박은 0.5cm 두께로 슬라이스해 소금을 뿌린 후 녹말가루를 앞뒤로 입혀 현미유를 두른 팬에서 앞뒤로 노릇하게 지져요.
2 느타리버섯은 가닥가닥 찢어 간장, 설탕, 참기름을 넣어 볶아요.
3 비건어묵은 3×6cm 크기로 썰어 데치고, 브로콜리는 끓는 물에 소금 1꼬집(분량 외)을 풀고 살짝 데쳐요. 방울토마토 → 브로콜리 → 어묵 순으로 꼬치에 꽂아요.
4 도시락 통에 밥을 고루 펴 담고 준비한 반찬과 장식용 레몬을 담아내요.

각각 조리한 후 꼬치에 꽂아요.
채소를 꼬치에 꽂아 조리하면 골고루 익히기 어려워요. 채소는 각각 데치거나 구운 후 순서대로 꼬치에 꽂아 준비해요.

밥고로케도시락

26 색다른 주먹밥 부탁해요!

"누구나 좋아하는 밥고로케 추천합니다."

바삭한 밥고로케는 원래 크로켓이라는 튀김요리를 응용해 만든 요리입니다. 냉장고 속 자투리 채소를 잘게 잘라 밥과 뭉쳐 만들어 따로 장을 볼 필요도 없지요. 도시락에 담을 때는 밥고로케를 바삭하게 튀긴 후 충분히 식혀 넣어야 식어도 바삭한 맛을 즐길 수 있습니다. 피크닉 도시락은 물론 간식, 손님상 메뉴로도 어울려요. 토마토케첩과 머스터드소스를 섞은 소스나 비건마요소스 중 선택해 함께 곁들이세요.

2

3

5

밥고로케도시락

재료	밥 1공기, 양파 1/2개, 당근 1/5개, 표고버섯 5개, 청양고추 2개, 다진 파 5스푼, 현미유 2스푼, 소금 1 꼬집, 튀김용 현미유 3컵, 취향에 따라 샐러드채소 약간
튀김옷	녹말가루·녹말물(녹말1:물2)·빵가루 1컵씩
소스 1	토마토케첩 3스푼, 머스터드소스 1스푼
소스 2	두유 1/2컵, 현미유 1컵, 아마씨파우더 3스푼, 설탕·식초 2스푼씩, 레몬즙 1스푼, 홀그레인머스터드·소금 1/2스푼씩

1. 양파와 당근, 표고버섯, 청양고추는 잘게 다져요.
2. 팬에 현미유를 두르고 다진 양파와 당근을 넣고 센불에서 3분 볶은 후 다진 표고버섯과 청양고추, 다진 파를 넣고 3분 더 볶아요.
3. ②에 밥과 소금 1꼬집을 넣고 3분간 더 볶아요.
4. 볶은 밥이 어느 정도 식으면 손으로 꼭꼭 눌러가며 지름 5cm 크기로 동그랗게 빚어요.
5. ④를 녹말가루 → 녹말물 → 빵가루 순으로 튀김옷을 입혀요.
6. 튀김냄비에 튀김용 현미유 3컵을 달구어 ⑤를 겉면이 노릇하도록 튀겨 기름기를 빼요.
7. 원하는 소스를 준비해요. 소스 1은 분량의 재료를 완전히 섞고, 소스 2는 믹서에 현미유를 제외한 재료를 넣고 갈다가 섞이면 현미유를 넣어 마요네즈 농도가 될 때까지 갈아 완성해요.
8. 식은 밥고로케와 소스 1 또는 소스 2, 그리고 샐러드채소를 함께 곁들여 즐겨요.

아보카도롤도시락

27 비주얼 도시락을 싸고 싶어요.

"아보카도로 롤을 말아봅시다."

평소 아보카도를 활용한 요리를 즐겨 먹는데 아보카도롤도 애정하는 메뉴 중 하나예요. 아보카도롤을 만들면 어떤 도시락도 부럽지 않아요. 롤이나 김밥이 재료 준비가 번거롭다고 생각해 즐겨 만들지 않지요? 속재료의 종류를 줄여 만들어보세요. 만들기도 편하고 맛도 좋아요. 아보카도와 어울리는 속재료를 고민해 만들었어요.

재료 밥 1과1/2공기, 김밥용 김 2장, 아보카도 1과1/2개, 느타리버섯 3줌, 오이 1/2개, 양파 1/3개, 비건마요네즈 2와1/2스푼 P030 참조, 연겨자·데리야키소스·고추냉이 1/2스푼씩, 현미유 1스푼

단촛물 식초·설탕 1스푼씩, 소금 1꼬집

1. 단촛물을 만들어 밥과 섞어 초밥을 만들어요.
2. 아보카도는 씨를 제거해 0.3~0.5cm 두께로 슬라이스해요.
3. 느타리버섯은 가닥가닥 분리하고 오이와 양파는 채썰어요. 채썬 양파는 찬물에 10분 정도 담가 매운맛을 제거해요.
4. 매운맛을 제거한 채썬 양파의 3/5 분량과 채썬 오이를 비건마요네즈와 연겨자에 버무려요.
5. 현미유를 두른 팬에 느타리버섯과 남은 채썬 양파를 넣고 중불에서 5분간 볶다가 데리야키소스를 넣고 3분 정도 볶아요.
6. 도마에 랩을 깔고 그 위에 김 1장을 올린 후 ①의 초밥 절반 분량을 얇게 골고루 펴요.
7. ⑥을 김이 위로 향하게 뒤집은 후 ④와 ⑤를 올리고 랩은 두고 김만 들어올려 말아요.
8. 고추냉이를 뿌리고 아보카도 슬라이스를 빈틈 없이 올려요.
9. ⑧을 랩으로 감싸 말아 모양을 잡은 후 그대로 1cm 두께로 썰고 랩을 벗겨 완성해요.

TIP
롤은 시간을 두고 말아요.
완성한 김밥 위에 아보카도 슬라이스를 올려 랩으로 돌돌 말은 후 잠시 두세요. 김밥과 아보카도가 잘 밀착되도록 시간을 두었다가 랩과 함께 썰어야 김밥이 예쁘게 잘려요.

감자샐러드샌드위치

28

샌드위치가
이제 슬슬 질려요.

"샐러드 속 채소를 한 번 더 조리해보세요."

감자샐러드샌드위치는 호불호가 적은 메뉴예요. 피크닉 도시락에 빠지지 않지요. 하지만 비건식으로 잘 만들기는 쉽지 않습니다. 핵심은 감자샐러드의 배합과 비율에 있습니다. 샐러드 속재료로 준비한 채소를 한 번 볶아 넣어도 맛이 확연히 달라져요. 무엇보다 비건마요네즈부터 준비하세요.

재료 식빵 2장, 감자 1개, 오이·양파 1/2개씩, 당근 1/4개, 비건마요네즈 P030 참조·현미유 2스푼씩, 오이 절임용 소금 1/2스푼, 소금·후춧가루 2꼬집씩

1 감자를 삶아서 껍질을 벗겨 으깨요.
2 오이는 길이대로 반 잘라 어슷썰어 소금 1/2스푼을 뿌려 10분간 절였다가 물에 헹궈요. 물기를 꼭 짜고 잘게 썰어요.
3 양파와 당근은 0.3cm 두께로 채썰어 달군 팬에 현미유를 둘러 함께 볶아요. 소금과 후춧가루를 1꼬집씩 넣고 간해요.
4 볼에 으깬 감자와 준비한 오이와 양파, 당근, 비건마요네즈, 소금과 후춧가루 1꼬집씩을 넣고 섞어요.
5 식빵 위에 ④의 감자샐러드를 두껍게 올리고 다른 식빵으로 덮고 먹기 좋은 크기로 잘라요.

절인 오이는 꼭 짜야 식감이 좋아요.
소금에 절인 오이는 물에 헹구고 남은 물기를 꽉 짜서 으깬 감자와 섞어야 식감이 아삭해요.

반미샌드위치

29
새로운 샌드위치 레시피 없을까요?

"베트남 반미샌드위치를 비건식으로 만들게요."

베트남의 대중적인 샌드위치 반미는 우리 입맛에도 잘 맞는 메뉴입니다. 예전에 베트남으로 가족여행을 갔다가 신선한 채소와 고수를 곁들인 반미샌드위치를 보고 한눈에 반했지요. 현지에서는 맛보지 못 하고 집으로 돌아와 레시피를 찾아 비건식으로 만들어보았습니다. 함께 맛본 저희 논비건 스태프가 일반 반미샌드위치와 맛이 똑같다며 놀라워했었죠. 비건식으로도 충분히 맛있게 즐길 수 있어요.

재료 바게트 1개, 무 1cm 두께 1토막, 당근 1/2개, 느타리버섯·고수 1줌씩, 오이·청양고추 1개씩, 올리브유 2스푼, 절임물(식초 2스푼, 설탕 1스푼, 소금 1꼬집)
반미소스 간장 1스푼, 스리라차소스·설탕 1/2스푼씩, 후춧가루 1꼬집
스프레드 비건마요네즈 2스푼 P030 참조, 스리라차소스 1/2스푼

1 초절임용 무와 당근은 0.3cm 두께로 채썰어 절임물에 20분간 담갔다 체에 밭쳐 물기를 빼요.
2 느타리버섯은 가닥가닥 분리하고 오이는 0.2cm 두께로 동그랗게 슬라이스해요. 청양고추는 얇게 송송 썰어요.
3 볼에 각각의 재료를 섞어 반미소스와 스프레드를 만들어요.
4 팬에 올리브유를 두르고 느타리버섯과 반미소스 1/2스푼을 넣고 센불에서 4분간 볶아요.
5 바게트에 세로로 칼집을 넣고 200℃로 예열한 오븐에서 2분 정도 구워요.
6 구워낸 바게트에 스프레드를 바르고 ①의 초절임과 ②의 채소, ④의 느타리버섯볶음, 그리고 고수와 남은 반미소스를 뿌려 샌드위치를 완성해요.

초절임한 채소는 물기를 꼭 짜서 사용해요.
반미샌드위치에 공통적으로 많이 쓰이는 재료는 채소 초절임이에요. 초절임용 채소는 물기를 꼭 짜 사용하세요. 채소의 수분이 많으면 빵이 금세 눅눅해져요.

인기 도시락 밑반찬

매일 도시락 싸기가 고민이시죠? 일단 반찬 구성을 조리법에 따라 나누어보세요. 볶음, 나물, 전처럼 조리법이 각기 다른 반찬을 넣으면 식감과 맛이 제각각이라 도시락이 훨씬 풍성해지죠. 평소 즐겨 만드는 도시락 반찬 3종을 소개합니다.

【고춧잎나물】

재료 고추잎 300g, 된장 1스푼, 다진 마늘·참기름 1스푼씩, 통깨 1/2스푼

1 고추잎은 굵은 줄기는 떼고 끓는 물에 1분 정도 살짝 데쳐요.
2 데친 고춧잎은 찬물에 헹군 뒤 물기를 꼭 짜요.
3 된장, 다진 마늘, 참기름을 넣고 조물조물 무쳐 통깨를 뿌려내요.

【감자전】

재료 감자 4개, 애호박 1/2개, 녹말가루·현미유 1스푼씩, 소금 2꼬집
초간장 풋고추 1개, 비건쯔유 2스푼 P030 참조, 물·식초 1스푼씩, 고춧가루 1/2스푼

1 감자는 껍질을 벗겨 강판이나 믹서에 곱게 갈아요.
2 애호박은 0.3cm 두께로 채썰어요.
3 풋고추를 잘게 다져 남은 재료와 섞어 초간장을 만들어요.
4 ①에 채썬 애호박을 섞고 녹말가루와 소금을 넣어 반죽해요.
5 뜨겁게 달군 팬에 현미유를 두르고 반죽을 한 국자씩 올려 얇고 동그랗게 펴서 앞뒤로 노릇하게 지져요.

【매콤비건어묵볶음】

재료 비건어묵 4장, 양파 1/4개, 청고추·홍고추 약간씩, 현미유 2스푼, 참기름 1/2스푼, 통깨 1꼬집
양념 비건쯔유·올리고당 1스푼씩, 고춧가루·다진 마늘·설탕 1/2스푼씩

1 분량의 재료를 섞어 양념을 만들어요.
2 비건어묵과 양파는 먹기 좋게 채썰고, 고추는 어슷하게 썰어요.
3 비건어묵은 끓는 물에 1분 정도 넣고 살짝 데쳐 기름기를 빼요.
4 팬에 약간의 현미유를 두르고 비건어묵과 양파를 넣어 중약불에서 3분간 볶아요.
5 양파가 반쯤 익으면 ①의 양념과 어슷썬 고추를 넣고 중약불에서 2분 더 볶아 참기름과 통깨를 뿌려 완성해요.

[vegan]

스페셜요리

보양식
세계요리
다이어트요리
버섯 & 콩·밀고기요리

(SUBJECT 05) 쫄깃한 식감이 떠오르는 날

가끔 고기 맛이 생각나지 않느냐는 질문을 받습니다. 주로 논비건에게 듣는 질문이죠. 제 대답은 뻔합니다 "아니오". 일단 비건으로 미각과 후각이 세팅되고 나면 고기나 물고기는 비음식이 되고 맛과 향을 느낄 수 있는 대상에서 제외됩니다. 음식의 범주 안에 들어 있지 않기에 그립지도 않습니다. 혹여 고기가 그립다고 답하는 비건이 있다면 그건 고기의 맛과 향이 아닌 '식감'일 겁니다.

하지만 이 식감마저도 비건도 충분히 느낄 수 있습니다. 표고버섯 밑동인 버섯꼭지는 씹을수록 고소해 고기의 식감을 대체해주지요. 최근엔 기후변화나 동물권 관련해 비건이 점차 늘어나면서 국내뿐만 아니라 해외의 대체육도 많이 소개되고 있습니다. 식물성 단백질을 이용하여 만든 콩고기와 밀고기도 다양한 형태의 제품으로 출시되고 있지요. 종종 고기의 맛을 너무 똑같이 혹은 더 과장되게 구현한 것 같은 제품들이 있기도 하지만, 조금씩만 활용해 요리에 넣으면 적당하게 즐길 수 있습니다.

비건샤브샤브

샤브샤브도 먹어보고 싶어요.

"전골용 채수로 맛있게 만들어봅시다!"

샤브샤브는 소고기와 채소를 살짝 익힌 후 소스에 찍어 먹는 일본식 전골요리입니다. 채식을 하지 않았을 때부터 즐겨 먹던 요리라 이후에도 가끔 생각나 만들어 먹지요. 특히 손님상 특별 메뉴로 안성맞춤입니다. 소고기는 삼겹채로 대체하고 여러 채소를 넣어 다양한 식감을 살렸습니다. 채수에 좋아하는 채소나 면, 두부를 넣고 도란도란 분위기를 즐기며 함께 나누기 좋은 요리입니다.

재료 (2인분) 삼겹채·칼국수면 100g씩, 두부 1/2모, 청경채 4개, 알배추 1/4개, 숙주 3줌, 팽이버섯·느타리버섯 1줌씩, 표고버섯 1개, 페퍼론치노 4개, 비건쯔유 1/2컵 P030 참조, 전골용 채수 3컵 P027 참조

간장소스 간장 2스푼, 매실액·식초 1/2스푼씩, 고추냉이 조금

땅콩소스 땅콩버터 P040 참조·간장·레몬즙·식초·물 1스푼씩

1. 삼겹채는 0.3cm, 두부는 1cm 두께로 슬라이스해요.
2. 청경채와 알배추는 줄기를 따라 분리하고 숙주와 함께 체에 받쳐 물기를 제거해요.
3. 팽이버섯과 느타리버섯은 가닥가닥 찢고, 표고버섯은 0.5cm 두께로 슬라이스해요.
4. 전골냄비에 전골용 채수를 붓고 페퍼론치노와 비건쯔유를 넣고 섞어요.
5. 손질한 채소를 모두 넣고 센불에서 5분간 끓여요.
6. 각각의 재료를 섞어 2가지 소스를 만들어요.
7. ⑤가 익으면 삼겹채를 넣고 끓어오르면 준비한 소스를 찍어 먹어요. 다시 중불로 낮춰 칼국수를 넣어 익혀요.

채수 양념은 싱겁게 해요.
채수의 간은 비건쯔유와 페퍼론치노를 넣고 싱겁지 않은 정도로만 해요. 끓는 채수에 재료를 넣어 익혀 먹는 음식이라 끓일수록 맛이 우러납니다. 싱거울 때는 소스에 찍어 드세요.

중국식 부추만두

31 고기만두가 그리워요!

"만두소에 감칠맛 나는 양념을 해보죠."

만두는 명절과 상관없이 즐겨 먹는 메뉴입니다. 한 번에 넉넉히 만들어 냉동해두고 군만두, 만둣국, 만두무침, 만두찜, 만두전골 등 매번 다르게 해 먹곤 하지요. 딱 한 가지 흠이 있다면 만들기 번거롭다는 거죠. 그래서 간단하고 맛있는 중국식 부추만두를 소개합니다. 채식 시작 무렵 직접 만들어 팔기도 했던 메뉴예요.

재료 만두피 30장, 얼갈이배추잎 3장, 두부 1/2모, 당면·숙주·부추 1줌씩, 표고버섯 6개, 양파 1/2개, 참기름 3스푼, 비건쯔유 2스푼, 다진 마늘 1스푼, 다진 생강·소금 1/2스푼씩, 후춧가루 1꼬집, 현미유 5스푼

양념장 비건쯔유 5스푼 P030 참조, 식초 1스푼

1. 얼갈이배추잎은 0.5cm 폭으로 썰어 소금 1/4스푼을 뿌려 숨이 죽으면 물기를 꼭 짜요. 두부는 면포에 담고 물기를 꼭 짜요. 당면은 미지근한 물에 담고 30분 이상 불려요.
2. 끓는 물에 소금 1꼬집(분량 외)을 넣고 숙주를 데쳐요. 데친 숙주는 찬물에 헹궈 면포에 싸 물기를 꼭 짜요.
3. 불린 당면과 데친 숙주, 부추, 표고버섯, 양파는 잘게 다져요.
4. 달군 팬에 현미유를 두르고 다진 표고버섯과 양파, 다진 마늘, 다진 생강과 비건쯔유를 넣고 센불에서 3분간 볶은 뒤 볼에 덜어 충분히 식혀요.
5. ④에 두부와 다진 당면과 숙주, 부추, 절인 얼갈이배추, 참기름, 소금 1/4스푼, 후춧가루를 넣고 버무려 소를 완성해요.
6. 만두피에 소를 올려 만두를 빚고 김 오른 찜통에서 5분간 쪄내요.
7. 양념장을 만들어 함께 곁들여요. 남은 만두는 냉동보관해 군만두, 찐만두로 조리하세요.

볶은 채소는 충분히 식혀요.

소가 질면 만두를 빚을 때 쉽게 터져요. 속재료의 물기는 꼭 짜고 볶은 채소는 충분히 식혀서 두부와 섞으세요. 뜨거운 상태의 볶은 채소를 두부와 섞으면 만두소가 빨리 상해요.

뚝배기불버섯

32
불고기를 비건식으로 만들고 싶어요.

"보글보글~ 불버섯! 제 전공입니다."

손님을 초대하면 일주일 전부터 메뉴를 고민하죠. 보기에도 좋고 먹기에도 좋은 요리가 뭘까? 제가 손님상에 자주 선보이는 메뉴가 '불버섯'입니다. 콩불고기와 느타리버섯을 넣고 뚝배기에 끓여내면 후루룩 먹기 좋지요. 기호에 따라 당면을 따뜻한 물에 30분 담갔다가 레시피 ⑤의 단계에서 추가해도 좋습니다. 매콤양념과 간장양념 중 선택해 취향대로 즐기세요. 오늘은 전골냄비에 매콤양념으로 끓여보겠습니다.

재료 베지 콩불고기 100g, 느타리버섯 1/4팩, 새송이버섯·양파 1/2개씩, 청양고추 1개, 현미유 3스푼, 소금 1/4스푼, 후춧가루 2꼬집, 간단 채수 1컵 P026 참조

매콤양념 비건쯔유 2스푼 P030 참조, 고운 고춧가루 1스푼, 간장·참기름·맛술·다진 마늘·설탕 1/2스푼씩

간장양념 비건쯔유 2스푼, 다진 마늘·맛술·참기름 1/2스푼씩, 다진 생강·설탕 1/4스푼씩

1 느타리버섯은 줄기로 찢고 새송이버섯은 길이로 슬라이스해요.
2 양파는 슬라이스하고 청양고추는 어슷썰어요.
3 달군 팬에 현미유를 두르고 콩불고기와 느타리버섯, 새송이버섯, 양파를 센불에서 각각 2분씩 볶아 소금, 후춧가루를 뿌리고 센불에서 2분간 더 볶아요.
4 전골냄비에 ③을 종류별로 나누어 담고 간단 채수 1컵을 부어요.
5 원하는 국물을 결정해 각 양념 재료를 섞어 넣고 센불에서 5분간 팔팔 끓여요.
6 어슷썬 청양고추를 올려 완성해요.

채소는 기름에 먼저 볶아요.
달군 팬에 기름을 둘러 재료를 먼저 볶아주면 기름에 재료의 향이 배어들어 국물에 깊은 맛이 더해집니다.

비건충무김밥

33 충무김밥, 가능할까요?

"곤약으로 오징어 느낌을 내보겠습니다."

지금의 통영에서 유래된 충무김밥은 어부의 아내가 싸준 김밥에서 시작되었다고 합니다. 김밥이 자주 상하여 못 먹자 밥과 깍두기를 분리해 싸는 걸 고안해낸 거죠. 여기에 오징어무침을 곁들여 전국적으로 인기를 얻었습니다. 논비건 버전의 오징어무침 대신 비건 버전으로 곤약무침을 넣어보겠습니다. 제가 20대 때 어머니와 채식식당을 하며 개발한 곤약오징어볶음 레시피입니다. 곤약에 칼집을 내어 양념에 무치면 이전에 맛본 충무김밥과 똑같지요. 오늘은 곤약을 튀겨 더 맛있게 만들어보겠습니다.

1

3

5

곤약을 튀기지 않고 약간의 양파와 양념 재료를 넣고 센불에서 1분간 볶으면 오징어무침 맛을 낼 수 있어요.

비건충무김밥

김밥	김밥용 김 4장, 밥 1과1/2공기
깍두기	무 2cm 두께 1토막, 쪽파 1대, 고춧가루 1과1/2스푼, 비건쯔유 P030 참조 1/2스푼, 다진 마늘·설탕·참기름· 깨소금 1/4스푼씩, 무 절임(소금·설탕· 식초 1/2스푼씩)
곤약무침	곤약튀김(곤약 1팩 200g, 해바라기씨유 2컵), 양념(다진 마늘·다진 파·고춧가루·비건쯔유·설탕·참기름 1스푼씩)

1. 깍두기용 무는 세워 적당한 크기로 어슷썰어 소금, 설탕, 식초에 섞어 무가 부드러워질 때까지 절여요.
2. 절인 무는 물에 헹궈 체에 밭쳐 물기를 빼요. 쪽파는 씻어서 5cm 길이로 잘라요.
3. 볼에 깍두기 양념 재료와 절인 무, 쪽파를 넣고 무쳐두어요.
4. 곤약은 0.7cm 두께로 썰어 빗살무늬로 칼집을 얇게 넣고 튀김용 팬에 해바라기씨유를 달구어 노릇하게 튀겨내요.
5. 볼에 ④의 곤약튀김과 양념 재료를 넣고 버무려 곤약튀김무침을 완성해요. 깔끔하게 즐기고 싶다면 튀김 위에 양념을 각각 올려 내도 좋아요.
6. 김은 4등분해 그 위에 밥을 얇게 깔고 돌돌 말아 김밥을 말아요.
7. 완성한 김밥에 깍두기와 곤약튀김무침을 곁들여요.

느타리버섯강정

34 치킨강정의 양념맛과 식감이 생각나요.

"시행착오 끝에 찾아낸 양념 비율을 공개합니다."

우리가 흔히 치킨의 맛이라고 생각하는 것은 실제로는 양념 맛이지요. 질긴 식감을 가진 채소를 튀겨 양념을 버무려도 비슷한 맛이 납니다. 튀김과 양념으로 느타리버섯강정을 만들었어요. 여러 차례의 시행착오 끝에 찾아낸 양념 비율을 공개합니다. 양념은 미리 만들어 냉장보관해두고 활용하세요.

재료 느타리버섯 3줌, 양파 1/4개, 피망·노랑 파프리카·빨강 파프리카 1/5개씩, 대파 1/4대, 페퍼론치노 3개, 다진 마늘 2와1/2스푼, 다진 견과류 1스푼, 해바라기씨유 2컵, 튀김옷(튀김가루·녹말가루·물 1/2컵씩)

양념 고추장·토마토케첩 2스푼씩, 비건쯔유 P030 참조·설탕·청주·올리고당 1스푼씩

1. 볼에 튀김가루, 녹말가루, 물을 넣고 가루가 보이지 않을 때까지 많이 젓지 말고 섞어요.
2. 느타리버섯은 0.5cm 두께로 찢고, 양파와 피망, 파프리카는 0.3cm 두께로 채썰어요. 대파는 잘게 다져요.
3. 손질한 느타리버섯에 분무기로 물을 뿌린 후 ①의 튀김옷을 가루가 보이지 않을 정도로 살짝만 묻혀요.
4. 팬에 해바라기씨유를 붓고 170~180℃로 달구어 ③을 노릇해질 때까지 튀겨 체에 밭쳐요.
5. 냄비에 양념 재료를 모두 넣고 센불에서 2분간 끓이다가 ②의 채소와 페퍼론치노, 다진 마늘을 넣고 중불에서 3분간 더 끓여요.
6. ⑤에 ④의 느타리버섯튀김을 넣고 버무려 그릇에 담고 다진 견과류를 뿌려내요.

TIP
느타리버섯을 촉촉한 상태로 만들어요.
느타리버섯은 수분이 적어 녹말가루를 묻히기가 힘들어요. 분무기를 이용해 느타리버섯 앞뒤에 골고루 물을 뿌린 후 녹말가루를 묻히면 노릇노릇 바삭한 버섯강정을 만들 수 있어요.

비건자장면

35
비건자장면, 간단하게 만들고 싶어요.

"자장소스와 매운 양념으로 비건식 완성합니다."

어릴적부터 진짜 좋아했던 음식 중 하나가 자장면입니다. 기념일마다 맛보던 자장면은 항상 한 그릇이 모자라고 아쉽기만 했죠. 비건이 된 이후로도 자장면은 종종 떠오르는 메뉴 중 하나였습니다. 지금이야 시판용인 비건 인스턴트 자장면도 있지만, 그땐 비건식 자장면을 파는 곳도 없었지요. 그때부터 연구해온 레시피예요. 채소를 많이 활용해 식이섬유가 풍부하도록 레시피를 조절했어요.

재료 (2인분) 우동면 400g, 콩살들이 30g, 양배추 1/8통, 감자·양파 1/2개씩, 당근 1/4개, 표고버섯 3개, 현미유 3큰술, 자장가루 1과1/2스푼, 다진 생강 1/2스푼, 간단 채수 1/4컵 P026 참조, 녹말물(녹말1:물2) 2스푼, 장식용 오이 약간

매운 양념 고추기름·고운 고춧가루·국간장 1/2스푼씩, 소금 2꼬집, 베지시즈닝·후춧가루 1꼬집씩

1 콩살들이와 양배추, 감자, 양파, 당근, 표고버섯은 각각 손질해 깍둑썰어요.
2 달군 팬에 현미유를 두르고 자장가루와 다진 생강, 그리고 ①의 재료들을 넣고 센불에서 2분간 볶아요.
3 ②에 녹말물을 조금씩 넣어가며 자장소스의 농도를 맞춰요.
4 끓는 물에 우동면을 삶아 재빨리 찬물에 헹궈 체에 받쳐요.
5 팬에 고추기름을 두르고 센불에서 고운 고춧가루와 국간장, 베지시즈닝, 소금, 후춧가루를 넣고 볶아 매운 양념을 만들어요.
6 ⑤에 ③의 자장소스를 넣고 볶아요.
7 그릇에 삶은 우동면과 함께 완성한 소스를 담아요.
8 장식용 오이를 껍질만 돌려 깎아 얇게 채썰어 고명처럼 올려요.

우동면은 센불에서 3분간 삶아요.
우동면은 조리된 상태로 냉장, 냉동 상태로 판매되지요. 끓는 물에 우동면을 넣고 젓가락으로 면을 풀어가며 센불에서 삶아야 뭉치지 않아요.

버섯매운양념조림탕

36
닭도리탕 같은 탕요리는 어떻게 만들어요?

"말린 표고버섯 밑동을 믿어봅시다!"

버섯으로 닭도리탕의 식감을 비슷하게 낼 수 있습니다. 저도 처음에는 이게 가능할까 생각했는데 막상 요리를 해보니 쉽고 간단하더군요. 표고버섯 밑동을 사용하면 됩니다. 여기에 논비건 메뉴처럼 닭볶음탕에 들어가는 감자, 양파, 당근을 풍성하게 넣고 양념까지 넣어 끓이면 채소의 엑기스가 더해져 음식의 맛이 더욱 다채로워집니다. 술 안주로도 그만입니다.

재료 말린 표고버섯 밑동 1컵, 감자·양파 1/2개씩, 당근 1/4개, 표고버섯 1개, 홍고추·청양고추 1/2개씩, 현미유 2큰술

양념 비건쯔유 3큰술 P030 참조, 고추장 1/2스푼, 다진마늘·고춧가루·올리고당·설탕·맛술 1스푼씩, 후춧가루 1꼬집, 간단 채수 2컵 P026 참조

---

1. 말린 표고버섯 밑동은 따뜻한 물에 담가 30분간 불려요.
2. 감자와 양파, 당근은 깍둑썰고, 표고버섯은 모양대로 슬라이스해요. 고추는 어슷썰어요.
3. 분량의 양념 재료는 미리 섞어두어요.
4. 달군 팬에 현미유를 두르고 물에 불려둔 표고버섯 밑동을 넣어 센불에서 1분간 볶다가 준비한 채소를 넣고 2분간 더 볶아요.
5. ④에 ③의 양념을 넣고 표고버섯 밑동에 간이 배도록 센불에서 5분간 졸여 완성해요.

TIP
표고버섯 밑동은 충분히 불려요.
말린 표고버섯 밑동은 물에 충분히 불려주세요. 찬물에는 3~4시간, 따뜻한 물에는 30분 이상 불렸다 사용해야 질기지 않아요..

비건보쌈

37

보쌈이 먹고 싶은 날은 어쩌죠?

"보쌈김치를 무치고 삼겹채를 준비합니다."

보쌈을 비건식으로 만드는 일은 어렵지 않습니다. 대체육인 삼겹채를 활용하거나 두부, 포두부로 고기를 대신할 수 있지요. 저는 비건 보쌈은 고기보다 보쌈김치가 핵심인 메뉴라고 생각해요. 보쌈김치를 배추가 아닌 총각김치무로 만들면 깍두기처럼 즐기기 좋아요. 무를 절임물에 절였다가 적당히 물기를 짜고 양념에 버무려야 꼬들꼬들하고 촉촉한 보쌈김치를 만들 수 있답니다. 막걸리 한잔이 생각나거나 기분이 우울할 날 추천하는 메뉴입니다.

재료	베지푸드 삼겹채 또는 두부 330g
보쌈무김치	무 1/3개, 쪽파 2뿌리, 고춧가루 3스푼, 설탕·소금·조청 1스푼씩, 다진 마늘 1/2스푼, 무 절임(설탕 1/2스푼, 소금 1스푼)

1. 보쌈무김치부터 만들어요. 무는 1cm 두께로 채썰어 무 절임 재료에 버무려 1시간 동안 절여요.
2. 쪽파는 5cm 길이로 썰어요.
3. ①을 면포에 싸 물기를 꼭 짠 뒤 고춧가루, 설탕, 소금, 조청, 다진 마늘을 넣고 고루 버무려요.
4. ③에 쪽파를 넣고 버무려 접시에 담아요.
5. 삼겹채는 상온해동해 통으로 끓는 물에 1분간 데쳐 체에 받친 후 0.3cm 두께로 썰어요.
6. 접시 중앙에 보쌈무김치를 담고 준비한 삼겹채를 부채꼴 모양으로 담아내요.

삼겹채는 통으로 끓는 물에 1분만 데쳐요.
삼겹채는 완전히 익혀 밀봉된 상태로 판매됩니다. 먹기 직전에 끓는 물에 그대로 넣고 1분만 데쳐요. 따뜻할 정도로만 살짝 데쳐 사용해요.

각양각색 베지푸드 활용법

최근 여러 식품 제조업체에서 여러 식물성 대체육 제품들을 선보이고 있습니다. 대부분 콩가루·밀가루의 단백질인 글루텐을 반죽해 고기의 질감을 만들어낸 식품이지요. 콜레스테롤이 들어 있지 않은 저칼로리 식품으로, 단백질 섭취도 용이해 일반 육류제품과 견주어 영양적으로도 부족함이 없습니다. 특별한 날, 베지푸드로 색다른 요리를 즐겨보세요.

【다미채】

타피오카녹말가루, 곤약, 다양한 채소를 주성분으로 어묵 대용으로 만들어진 채식 어묵입니다. 고소하고 쫄깃한 어묵의 질감이 느껴져요. 다미채볶음, 장조림, 핫바, 다미채꼬치 등으로 활용 가능.

cooking tip 현미유에 살짝 튀기듯 구워주면 쫄깃한 식감이 살아나 더욱 맛있어요.

【동그랑땡】

대두 단백질과 밀 글루텐, 채소를 듬뿍 넣어 부드럽고 고소합니다. 아이들도 좋아하는 제품이지요. 식감도 부드러워 식은 후에도 맛있게 즐길 수 있어요. 동그랑땡, 볶음밥, 전골, 찌개에 활용 가능.

cooking tip 작게 잘라 조리하면 양념이 잘 배어 식감도 좋아져요.

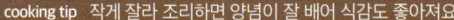

【비건오뎅】

NON-GMO 콩단백질과 당근, 깻잎, 고추를 넣어 만든 콩단백질 채식 어묵입니다. 저칼로리 식품으로 담백하고 탱탱하지요. 납작사각형, 둥근막대형 등의 형태로 판매됩니다. 어묵탕, 전골, 조림, 반찬용으로 활용 가능.

cooking tip 베지푸드는 조리하기 전 씻거나 데치지 말고 바로 사용해요.

【베지커틀렛】

콩을 주성분한 '콩가스'입니다. 냉동으로 유통되며 논비건 돈가스처럼 기름에 튀겨 조리합니다. 돈가스, 샌드위치, 샐러드로 활용 가능.

cooking tip 튀김옷이 입혀져 있는 제품으로 바로 튀겨 소스를 듬뿍 뿌려 먹어요.

【비건두루치기】

양념 타입의 콩고기 두루치기 제품입니다. 냉동제품이라 해동 후 여러 가지 채소와 함께 볶아 먹어요. 두루치기, 전골, 덮밥 활용 가능.

cooking tip 물을 넉넉히 넣고 끓이면 콩고기에 양념이 속속 배어 더 맛있어져요.

【비건스테이크】

밀 글루텐과 콩 글루텐이 주성분인 스테이크입니다. 스테이크와 한입 크기 사이즈로 나뉘어 있으니 용도에 맞게 골라 조리하세요. 스테이크, 함박스테이크, 햄버거, 샌드위치, 샐러드 활용 가능.

cooking tip 스테이크 소스에 졸이면 더욱 맛있어요. 햄버거, 샌드위치에는 포를 뜨듯 반으로 얇게 썰어 넣으면 퍽퍽한 식감도 덜해요.

[vegan]

스페셜요리 — 보양식 · 세계요리 · **다이어트요리** · 버섯&콩·밀고기요리

SUBJECT 06 　　　　　　　다이어트를 결심한 날

비건이 다이어트를 한다고 하면 주위에서 "평상 시에도 풀만 먹는데 무슨 다이어트냐?"며 의아해 하지요. 하지만 그건 논비건들의 생각일 뿐. 비건도 식생활에 불균형이 찾아와 다이어트가 필요할 때가 있습니다. 비건이 된다는 건 자기 몸을 돌보는 일이지요. 이 과정에서 식습관을 재조정하는 다이어트도 필요하고요.

저도 한때 요가 지도사 자격증을 위해 25kg을 감량한 적이 있습니다. 너무 살을 뺀 나머지 머리숱이 줄고 주름도 많이 생겨 보는 사람들마다 한마디씩 했죠. 그 후부터는 소식과 운동을 습관적으로 하려고 노력하고 있습니다.

다이어트를 결심한 비건의 관심사 역시 칼로리입니다. 제가 빵을 만들다보니 다이어트에 좋은 빵을 추천해달라는 질문을 많이 받는데, 주로 천연 발효종으로 만든 캄파뉴나 당류를 넣지 않은 치아바타를 추천해드립니다. 그리고 무엇보다 중독성이 강한 설탕을 멀리하라고 말씀드리죠. 설탕이 몸에 들어가면 더 많은 당류를 얻고 싶어 해요. 단 게 당기는 날에는 아가베시럽이나 메이플시럽, 조청이 들어간 요리를 드시길 권해요. 갈망하는 상태가 오래 지속되면 오히려 몸에 악영향을 미치니까요.

오트밀견과류
과일스무디볼

38
다이이어트를 결심했어요. 메뉴 추천해주세요.

"비주얼로 식욕을 잡아봅시다!"

다이어트를 한다고 해서 맛없는 것만 계속 먹을 수는 없겠죠? 계속 참다보면 결국 나중에 돌아오는 건 폭식과 요요뿐입니다. 식이요법을 하듯 평소 꾸준히 하는 게 관건이지요. 살이 찌지 않도록 건강하게 먹는 게 다이어트의 핵심이 아닐까 생각합니다. 비주얼도 훌륭한 오트밀견과류과일스무디볼은 어떨까요? 바쁜 아침 시간에도 간단하게 준비하여 먹을 수 있지요. 연두부 대신 비거트를 넣으면 스무디 맛이 더 상큼해져요. 토핑용 과일은 취향에 맞게 조합해 사용하세요. 오렌지와 파일애플, 딸기와 블루베리의 조합도 좋습니다. 걸쭉한 농도를 원한다면 과일의 양을 1.5배 늘려주세요.

재료 연두부 1팩(100g), 바나나 1/2개, 아몬드 2스푼, 메이플시럽 1스푼, 아몬드밀크 1/2컵, 각얼음 3~4개

토핑 오트밀 3스푼, 블루베리·말린 크랜베리·아몬드 2스푼씩, 장식용 애플민트 4장

---

1 믹서에 메이플시럽을 제외한 분량의 재료를 모두 넣고 갈아요.
2 볼에 ①을 옮겨 담고 오트밀, 블루베리, 말린 크렌베리, 아몬드를 한 줄씩 가지런히 올려요.
3 애플민트로 장식한 후 메이플시럽을 뿌려 먹어요.

아몬드밀크를 얼려 넣으면 맛이 진해져요.
아몬드밀크를 얼렸다가 다른 재료와 함께 믹서에 갈면 얼음을 넣었을 때보다 진한 맛을 즐길 수 있어요. 일반 얼음을 넣을 경우 메이플시럽을 추가하세요.

밀싹클렌징주스

39
다이어트와 디톡스 모두 가능한 음료 있을까요?

"주스 한 잔에 모두 넣었습니다."

다이어트를 하다보면 영양이 결핍되지 않을까 걱정이 앞서기도 합니다. 이럴 때는 밀싹클렌징주스를 추천합니다. 밀싹에는 몸 속 세포를 건강하게 유지시켜주는 엽록소가 70% 가까이 함유되어 있지요. 영양성분이 밀집되어 있어 오히려 한 번에 많이 섭취하면 탈이 날 수 있습니다. 밀싹은 한 번에 30g을 넘지 않게 섭취하는 게 좋아요. 다이어트 중 면역력이 떨어졌을 때 일주일에 1~2잔씩 밀싹클렌징주스를 드셔보세요.

재료 밀싹 30g, 파인애플 1/4통, 사과 1/2개, 취향에 따라 레몬즙 1과1/2스푼

1 파인애플은 칼로 껍질을 벗기고 파인애플 심을 제거해요.
2 사과는 씨를 제거한 후 껍질을 벗겨 큼직하게 깍둑썰어요.
3 밀싹은 흐르는 물에 씻어 물기를 제거해두어요.
4 착즙기에 파인애플과 사과, 밀싹을 넣어요.
5 취향에 따라 레몬즙을 추가해 넣어도 좋아요.

강한 단맛의 과일과 함께 준비해요.
밀싹은 특유의 풀향이 나는데, 사과와 파인애플처럼 단맛이 강한 과일을 함께 넣으면 그 맛이 사라지죠. 밀싹은 소량씩 구매해 냉장실에 두고 사용합니다. 온라인몰에서 유기농 밀싹을 검색해 구입하세요.

병아리콩 감자토마토스튜

40 운동 전후 단백질 보충용으로 어떤 메뉴가 좋을까요?

"병아리콩으로 따듯하게 끓인 스튜가 좋아요."

운동 전후 단백질을 보충은 필수죠! 근육이 단백질을 필요로 하니까요. 저는 운동할 때 가끔 병아리콩과 감자가 들어간 토마토스튜를 끓여 먹는답니다. 병아리콩에 단백질 함유량이 높기 때문이지요. 시간이 넉넉할 때는 완숙 토마토로 직접 소스를 만들어 사용하지만, 바쁠 때는 시판 토마토소스를 활용해 스튜를 만들어요. 그러면 10분 만에 뚝딱뚝딱 만들 수 있지요. 바질잎과 흰 깨를 얹어 먹으면 더욱 맛있습니다. 병아리콩 삶은 물은 버리지 말고 냉동보관해두세요. 베이킹 시 달걀 대용으로 사용 가능해요.

1

4

5

병아리콩감자토마토스튜

재료 병아리콩 1/2컵, 감자·토마토 1개씩, 마늘 2쪽, 월계수잎 1장, 현미유 2스푼, 소금·후춧가루 1/2스푼씩, 토마토소스 2컵, 물 1컵

1. 병아리콩은 3배 이상의 물에서 1시간 이상 불렸다가 센불로 30분간 삶아요.
2. 감자와 토마토는 1cm 크기로 깍둑썰고 마늘은 슬라이스해요.
3. 냄비에 현미유를 두르고 슬라이스한 마늘을 볶아요.
4. ③에 깍둑썬 감자를 넣고 센불에서 볶다가 감자가 익으면 토마토와 삶은 병아리콩을 넣은 후 소금과 후춧가루로 간해요.
5. ④에 월계수잎과 토마토소스, 물 1컵을 넣고 센불로 15분 끓여요.
6. 그릇에 뜨거운 물을 부어 3분간 두었다 물을 따라 버린 뒤 완성한 스튜를 담으면 오랫동안 따듯하게 즐길 수 있어요.

비거트

41
건강한 요구르트를 마시고 싶어요.

"첨가물 없이 만드는 비거트를 소개합니다."

마트에서 요구르트의 원재료 및 함량을 읽어보고 깜짝 놀란 적 있으시죠? 당류나 증점제 같은 첨가물도 많은데다 돼지 젤라틴이 들어가는 것까지 보고는 입을 다물지 못 했던 기억이 있습니다. 플레인 요구르트라고 씌여 있어도 젤라틴은 들어가니 주의가 필요해요. 집에서 직접 두유로 비거트를 만들어봅시다. 맛있어서 자꾸 먹고 싶을 거예요. 비건 유산균 캡슐은 아이허브나 쿠팡에서 구매 가능하니 미리 준비해두세요.

재료 무첨가 두유 1팩(950㎖), 코코넛밀크 1/5컵, 아가베시럽 3스푼, 비건 유산균 캡슐 1개(170mg)
토핑 블루베리잼·호두 1스푼씩, 민트잎 2장

1 토핑용 재료를 제외한 모든 재료는 냉장실에서 꺼내 상온에 1시간 이상 두세요.
2 볼에 ①을 넣고 숟가락으로 천천히 저어요.
3 요구르트 메이커에 넣어 8~10시간 둔 뒤 꺼내 냉장보관해요.
4 먹기 직전에 토핑 재료를 올리고 민트잎으로 장식해요.

두유를 끓였다 식혀 만들면 단단해져요.
냄비에 두유를 붓고 한소끔 끓여 식혔다가 레시피대로 만들면 좀 더 단단한 식감의 비거트를 만들 수 있어요.

마크로비오틱 채소수프

42
몸이 가벼워지는 수프를 만들어주세요.

"뿌리부터 껍질까지 몽땅 드십쇼!"

마크로비오틱은 영어 발음으로는 매크로바이오틱(Macrobiotic)이라고 합니다. 원래는 일본의 사찰요리였는데 이를 미국에서 확대하여 전 세계적으로 알려졌지요. 말 그대로 통곡물 같은 자연의 재료를 통째로 먹어 계절에 나는 곡물이나 채소를 내 몸에 들이는 것을 의미합니다. 소개하는 마크로비오틱 채소수프는 건강한 음식 그 자체입니다. 기운이 떨어지거나 환절기에 많이 즐기지요. 스트레스 해소를 위한 한 그릇으로 추천해요.

재료 감자 1개, 양파 1/2개, 우엉 2cm 1토막, 표고버섯 3개, 코코넛밀크 4스푼, 소금·후춧가루 1/4스푼씩, 현미유 2스푼, 두유 1/3컵

1 감자는 껍질을 벗겨 4등분하여 센불에서 10분간 삶아 건져요.
2 양파와 우엉, 표고버섯은 1cm 두께로 채썰거나 적당히 다져요.
3 팬에 현미유를 두르고 양파 → 우엉 → 표고버섯 순으로 넣고 분량의 소금과 후춧가루를 더해 센불에서 5분간 볶아요.
4 믹서에 ①의 삶은 감자와 ③의 볶은 채소, 코코넛밀크, 두유를 모두 넣고 곱게 갈아 완성해요.

채소를 볶는 순서를 지켜주세요.
레시피 ③의 단계에서 채소를 넣는 순서를 반드시 지켜주세요. 천연 감미료 역할을 하는 양파는 오래 볶을수록 단맛이 나니 처음부터 팬에 넣고 볶아요. 이후 단단한 채소 순으로 넣고 볶습니다.

아보카도대파샐러드

43

**초간단
채소 샐러드를
배우고 싶어요!**

"아보카도와 대파로 맛을 내보겠습니다."

아보카도는 밭에서 나는 버터라고 불릴 만큼 영양소가 풍부하지요. 식이섬유가 많고 당분이 적어 포만감을 느낄 수 있습니다. 제가 즐겨 만드는 아보카도 활용요리는 아보카도대파샐러드입니다. 조리법이 간단해 아침식사로 즐겨 먹지요. 간장에 대파를 송송 썰어넣고 아보카도에 뿌려 먹습니다. 숟가락으로 아보카도의 과육과 드레싱을 섞어 드세요.

재료 아보카도 1과1/2개, 방울토마토·레디시 1~2개씩, 장식용 로즈마리 약간
드레싱 발사믹 글레이즈 6스푼, 다진 파 4와1/2스푼, 다진 빨강 파프리카 1/2스푼, 비건쯔유 1과1/2스푼 P030 참조, 겨자 2/3스푼

1   아보카도는 가운데 있는 씨에 칼을 깊숙이 넣고 돌려 씨를 빼요.
2   방울토마토는 4등분하고, 레디시는 모양대로 슬라이스해요.
3   다진 파와 파프리카는 비건쯔유와 섞어요. 섞지 않고 장식처럼 활용해도 좋아요.
4   ①의 씨를 뺀 아보카도의 움푹 패인 자리에 ③을 넣어요.
5   ④에 발사믹 글레이즈를 뿌리고 아보카도 위에 겨자를 올려요.
6   접시에 담고 반달 모양으로 썬 토마토와 로즈마리를 장식으로 올려요.

아보카도의 중심을 잡아요.
아보카도 자체를 그릇처럼 활용하는 요리예요. 아보카도의 밑면을 얇게 잘라 평평하게 만들어 흔들리지 않게 만들어주세요.

머스터드 드레싱 + 과일 드레싱

44 다이어트용 샐러드 소스가 궁금해요.

"맛은 있고 칼로리는 낮은 드레싱을 알려드릴게요."

다이어트를 할 때 자주 먹게 되는 게 샐러드죠. 매일 질리지 않는 샐러드의 비결은 드레싱에 있습니다. 맛은 물론, 칼로리도 잡아주는 드레싱이 필요합니다. 다이어트를 하겠다며 사우전아일랜드드레싱처럼 칼로리 폭탄을 먹을 수는 없잖아요. 그렇다고 해서 너무 맛이 밋밋해서도 안 되겠지요. 살짝 매콤한 맛과 향이 도는 머스터드드레싱과 달콤한 과일드레싱을 추천합니다. 모두 1주일 냉장보관 가능해요.

머스터드드레싱

재료 머스터드소스 1스푼, 조청 3스푼, 현미식초 2스푼, 소금 2꼬집

1 볼에 분량의 재료를 넣고 고루 섞어요.
2 냉장실에 두고 1주일간 즐겨요.

과일드레싱

재료 사과 1/2개, 레몬즙 1개분, 설탕 5스푼, 현미유 4스푼, 소금 1/2스푼, 물 3/4컵

1 사과는 껍질째 조각내어 씨를 제거해요.
2 믹서에 모든 재료를 넣고 갈아 완성해요.

TIP
옐로 vs 홀그레인 매운맛이 달라요.
일반적으로 사용하는 옐로 컬러의 머스터드소스는 홀그레인머스터드에 비해 매운맛이 덜해요. 톡 쏘는 매운맛을 원할 때는 홀그레인머스터드를 섞어 만들어요.

TIP
향이 드러나지 않은 오일류를 사용해요.
신선한 과일을 갈아 과일드레싱을 만들 때는 향이 강하지 않은 오일류를 사용해야 과일향을 살릴 수 있어요. 현미유, 카놀라유, 아보카도유, 포도씨유가 적당해요.

비건부리토

45
후다닥 만드는 다이어트 메뉴가 필요해요.

"토르티야 한 장만 있다면 문제없습니다."

다양한 식감의 재료로 비건부리토를 만들어봅시다. 비건부리토는 토르티야 한 장만 있으면 금세 만들 수 있습니다. 냉장고 속 자투리 채소만으로도 충분히 맛있는 부리토를 만들 수 있지요. 버섯을 센불에서 불향을 입혀 볶아넣어도 근사한 부리토가 완성됩니다. 오늘은 비건소시지를 넣어봤습니다.

재료   토르티야 2장, 비건소시지 2개, 양상추 1줌, 양파·토마토 1/2개씩, 칠리소스·비건마요네즈 P030 참조 4스푼씩, 렐리쉬(오이피클소스) 1스푼

1 양상추와 양파는 채썰어 찬물에 10분 담갔다가 물기를 빼요.
2 토마토는 0.5cm 두께로 슬라이스해요.
3 기름을 두르지 않은 팬에 토르티야와 비건소시지를 각각 구워요.
4 구운 토르티야 위에 채썬 양파와 양상추, 토마토 슬라이스, 구운 비건소시지를 올리고 칠리소스, 비건마요네즈, 렐리쉬를 골고루 뿌린 뒤 돌돌 말아요.

비건소시지는 기름 없이 약불로 구워요.
비건소시지는 콩가공품으로 대부분 냉동 상태로 판매되지요. 실온해동 후 기름 없이 약불에서 굴려가며 구워야 속까지 골고루 익어요.

Chef's Choice

색다르게 즐기는 곤약 다이어트 요리

다이어트 식품을 꼽을 때 곤약이 빠질 수 없죠. 곤약은 구약감자 속 탄수화물을 건조한 후 분쇄, 도정해 90% 이상이 수분과 식이섬유로 이루어져 있습니다. 포만감이 높고 배변 활동을 도와 저칼로리 식품으로 인기 있지요. 곤약 특유의 쫄깃한 식감으로 비건 요리에서도 활용도가 높습니다. 탕, 국수, 튀김, 무침, 초밥, 떡볶이, 조림 등 각종 밑반찬으로 활용 가능합니다.

곤약 조리 시 살짝 데치면 곤약 특유의 향도 사라지고 탱글한 식감도 배가되어요. 실곤약은 사용 하루 전에 물에 담갔다가 여러 차례 헹구어 체에 밭쳐두고, 납작곤약은 끓는 물에 10분 정도 데치거나 소금물이나 식초물에 30분간 절여두면 비린 맛이 빠집니다.

【곤약불고기】

재료 곤약 1/2팩(100g), 양파·당근 1/4개씩, 느타리버섯 1줌, 표고버섯 1개, 대파 1/4대, 다진 마늘 2스푼, 통깨 1스푼, 현미유 3스푼

양념 비건쯔유 P030 참조·배즙 2스푼씩, 설탕·참기름 1스푼씩, 후춧가루 1꼬집

1   곤약은 0.5cm 두께로 썰고 양파와 당근은 얇게 채썰어요. 파는 어슷썰어요.
2   느타리버섯은 밑동을 잘라 줄기를 분리하고 표고버섯은 모양대로 슬라이스해요.
3   볼에 분량의 양념 재료를 섞은 후 손질한 재료를 모두 넣고 주물러 30분간 재워요.
4   달군 팬에 현미유를 두르고 다진 마늘과 어슷썬 파를 넣고 볶다가 ③을 넣고 센불에 5분간 볶아 통깨를 뿌려내요.

【곤약초무침】

재료 실곤약 1팩(100g), 배 1/3개, 오이 1/10개, 통깨 1스푼

양념 식초 2스푼, 고추장·다진 마늘 1스푼씩, 설탕·소금·고춧가루 1/2스푼씩

1. 끓는 물에 식초 1방울(분량 외)을 풀고 실곤약을 넣어 2분간 데친 뒤 찬물에 헹궈 체에 밭쳐요.
2. 배와 오이는 얇게 채썰어요.
3. 볼에 양념 재료를 넣고 섞은 후 실곤약과 배, 오이를 넣고 무쳐요.
4. 먹기 직전에 통깨를 뿌려내요.

【곤약떡볶이】

재료 곤약 1/2팩(100g), 떡볶이떡 50g, 비건어묵 30g, 양파 1/4개, 표고버섯 1개, 통깨 1/2스푼, 간단 채수 1컵 P026 참조, 파기름(다진 파·현미유 2스푼씩)

양념 고추장 2스푼, 고운 고춧가루·비건쯔유 P030 참조 1스푼씩, 설탕 1/2스푼

1. 곤약과 비건어묵은 한입 크기로 자르고, 양파와 표고버섯은 채썰어요.
2. 달군 팬에 현미유를 두르고 다진 파를 넣고 볶아 파기름을 내요.
3. ②에 준비한 양파와 표고버섯을 넣고 센불에서 2분간 더 볶아요.
4. 간단 채수와 양념 재료를 모두 넣고 섞어 더 끓여요.
5. ④가 끓으면 곤약과 떡볶이떡, 비건어묵을 넣어요.
6. 떡이 다 익을 때까지 졸여 접시에 옮겨 담고 통깨를 뿌려요.

[vegan]

스페셜요리

- 버섯 & 콩·밀고기요리
- 다이어트요리
- 세계요리
- 보양식

SUBJECT 07

특별한 세계요리가
먹고 싶은 날

저는 미식가입니다. 맛있게 먹기를 즐기지요. 채식을 하다보니 먹을거리에 한계가 생기면서 자연스레 맛있는 것을 추구하게 된 것 같아요. 아무리 건강한 요리라도 매일 똑같은 식단을 마주하다보면 음식에 대한 기대감도 떨어지기 마련이니까요. 세계요리는 이럴 때 생각나는 메뉴지요. 맘 놓고 외식하기는 쉽지 않으니 직접 요리를 합니다. 집밥을 비건화하는 국내와 달리, 해외에서는 마크로비오틱이나 로푸드가 비건과 결합된 요리가 꽤 많아 만들기도 어렵지 않지요.

즐겨 만드는 요리는 아시안푸드와 이탈리안 요리예요. 아시안푸드의 경우 향신료 사용에 신경을 씁니다. 인도, 동남아의 요리는 향신료와 허브만 잘 활용해도 요리의 느낌이 살아나지요. 이탈리안 요리는 특히 파스타와 피자를 즐겨 만드는데, 그중 뇨끼는 아끼는 레시피 중 하나입니다. 감자 반죽을 뇨끼판에 찍어내는 과정이 즐거워 자주 해 먹는 메뉴입니다. 무얼 먹어야 할까 고민하는 당신을 위해 실력 좀 발휘해보겠습니다.

비건월남쌈

46

채소만 넣어도 맛있는 월남쌈 있을까요?

"수제 땅콩소스로 포인트를 줍니다."

만들기 간단하면서도 모양새가 좋은 메뉴가 월남쌈입니다. 논비건은 고기나 새우 등을 넣지만 비건은 채소만을 활용해 월남쌈을 만들지요. 아삭한 채소와 쫄깃한 버섯류로 식감을 잡고 컬러풀한 파프리카로 컬러 포인트를 줍니다. 기본 소스는 고소한 땅콩소스를 준비하고 매콤한 스리라차소스를 함께 곁들여요. 2가지 소스를 섞어서 찍어 먹어도 맛있지요. 라이스페이퍼 대신 김에 속재료를 넣고 땅콩소스를 발라 돌돌 말면 LA김밥이 완성됩니다.

재료　라이스페이퍼 5장, 따뜻한 물 3컵, 스리라차소스 2스푼

속재료　오이·양파·당근·빨강 파프리카·노랑 파프리카 1/4개씩, 새송이버섯·청양고추 1개씩, 깻잎 5장, 파인애플 조각 5스푼, 소금 2꼬집, 현미유 3스푼

땅콩소스　레몬즙 2스푼, 다진 땅콩 또는 땅콩버터 P040 참조·비건쯔유 P030 참조 1스푼씩, 다진 마늘·설탕 1/2스푼씩

1　볼에 분량의 땅콩소스 재료를 넣고 섞어요.

2　오이, 양파, 당근, 파프리카는 6cm 길이로 채썰고 새송이버섯은 모양대로 편썰어요. 청양고추는 송송 썰어요.

3　달군 팬에 현미유를 두르고 편썬 새송이버섯을 올리고 소금을 뿌려 중불에서 구워요.

4　미지근한 물에 라이스페이퍼를 가볍게 적셨다가 뺀 뒤 깻잎 → ②의 채소 → 구운 새송이버섯 → 파인애플 순으로 넣고 돌돌 말아요.

5　준비한 땅콩소스와 스리라차소스에 ④를 찍어 먹어요.

TIP

새송이버섯은 살짝 구워요.

새송이버섯은 오래 구우면 수분이 생기고 흐물흐물해져요. 구울 때 소금을 약간 넣어주면 수분이 빠지면서 더 쫄깃해집니다.

타코

47
멕시칸 요리도 즐기고 싶어요.

"냉장고 속 재료로 타코를 만들어봅시다!"

멕시칸 요리도 인기 있는 세계음식 중 하나죠. 비건이 되었다고 해서 멕시칸 요리를 못 먹게 된다면 너무 속상할 것 같아요. 오늘은 멕시칸 요리 중에서 타코를 만들어봅니다. 두부로 식감을 내고 각종 채소를 더해 영양도 챙겨요. 할라피뇨를 다져 넣어 맛이 심심하지 않도록 했지요. 쉽게 구할 수 있는 재료로 만들어도 근사한 요리가 완성됩니다. 술안주나 손님 초대상 메뉴로도 추천해요. 토르티야 대신 만두피로 만들어도 좋아요.

재료 토르티야 6인치 1장 또는 만두피 3장, 두부 1/2모, 적채 또는 양상추 1/4통, 적양파 1/2개, 양송이버섯 3개, 마늘 3쪽, 할라피뇨 슬라이스 6개, 현미유 4스푼, 소금·후춧가루 1/2스푼씩, 장식용 고수 약간
살사소스 토마토 1과1/2개, 양파 1/2개, 다진 할라피뇨 3스푼, 타바스코 1스푼, 레몬즙 1/2스푼, 소금 1/4스푼, 후춧가루 1꼬집
과카몰리 아보카도 1/2개, 레몬즙 1스푼, 후춧가루 1/2스푼, 소금 2꼬집

1. 살사소스부터 만들어요. 토마토와 양파는 잘게 다져 다진 양파만 잠시 물에 담가 매운기를 빼고 나머지 재료와 섞어요.
2. 과카몰리를 만들어요. 아보카도는 과육을 으깨어 소금, 후춧가루, 레몬즙을 넣어 섞어요.
3. 두부는 면포에 담고 물기를 짠 후 으깨고, 적채와 양송이버섯, 마늘은 얇게 채썰어요. 적양파는 잘게 다져요.
4. 달군 팬에 현미유를 두르고 채썬 마늘을 볶다가 향이 나면 채썬 적양파와 양송이버섯, 으깬 두부를 넣고 소금, 후춧가루를 뿌려 양파가 익을 때까지 센불에서 볶아요.
5. 달군 팬에 기름 없이 토르티야를 구워요.
6. 구운 토르티야 위에 적채와 ④, 할라피뇨 슬라이스를 얹고 살사소스와 과카몰리를 뿌리고 반 접어요. 취향에 맞춰 고수를 곁들여요.

> **TIP**
> **토르티야는 마른 팬에서 구워요.**
> 시판 토르티야는 완제품이므로 마른 팬에 살짝 굽거나 전자레인지에 30초간 조리하면 됩니다. 만두피를 사용할 경우 약불에서 익을 때까지 구워주세요.

바질뇨끼

48 레스토랑의 바질뇨끼,
집에서 만들 수 있을까요?

"알록달록한 바질뇨끼를 만들어 드리지요."

이탈리안의 수제비라 불리는 뇨끼입니다. 직접 밀대로 반죽을 밀어 뇨끼 판에서 모양을 만들어내죠. 저희 베이킹 클래스에서도 인기 있는 메뉴 중 하나예요. 오늘은 인기 있는 바질페스토를 활용해 바질뇨끼를 만들어보겠습니다. 삶은 감자를 으깨어 원하는 컬러의 천연 파우더를 더해 알록달록한 뇨끼를 만들 수 있지요. 비트파우더와 쑥파우더로 핑크색, 그린색의 뇨끼도 만들어보세요. 감자의 양은 감자의 수분 함량에 따라 가감합니다. 시판 감자에는 수미감자(점질감자), 남작감자(분질감자), 대서감자(가공용) 등이 있어요.

3

4

4

5

바질뇨끼

재료	컬러 반죽 3종, 잣가루 1스푼, 뇨끼 삶는 물(현미유·소금 1/4스푼씩)
[옐로반죽]	감자 1/2개, 쌀가루 1/3컵, 두유·코코넛밀크 3스푼씩, 소금 2꼬집, 후춧가루 1꼬집
[레드반죽]	비트파우더 1스푼, 감자 1/2개, 쌀가루 1/3컵, 두유·코코넛밀크 3스푼씩, 소금 2꼬집, 후춧가루 1꼬집
[그린반죽]	쑥파우더 1스푼, 감자 1/2개, 쌀가루 1/3컵, 두유·코코넛밀크 3스푼씩, 소금 2꼬집, 후춧가루 1꼬집
바질페스토	바질잎 80g, 엑스트라버진 올리브유 1/3컵, 다진 마늘·소금 1/2스푼씩

1. 바질페스토부터 만들어요. 믹서에 바질잎과 엑스트라버진 올리브유, 다진 마늘, 소금을 넣고 갈아 페스토를 완성해요.
2. 뇨끼를 만들어요. 감자는 삶아 껍질을 벗겨 으깨요.
3. 으깬 감자에 쌀가루와 두유, 코코넛밀크, 소금, 후춧가루를 넣고 치대요. 원하는 반죽 컬러를 선택해 레드반죽에는 비트파우더를, 그린반죽에는 쑥파우더를 추가해요.
4. 반죽을 가래떡 모양으로 길게 밀어 엄지손톱 한 마디 크기로 자른 후 뇨끼 판에 밀어요.
5. 현미유와 소금을 1/4스푼씩 넣은 끓는 물에 각각의 반죽을 넣고 센불에서 끓여 뇨끼가 떠오르면 건져요.
6. 달군 팬에 ⑤의 뇨끼와 바질페스토를 넣고 센불에서 2분간 살짝 볶아요.
7. 그릇에 담고 잣가루를 뿌려 완성해요.

비건베트남쌀국수

49
육수 없이 베트남쌀국수 맛이 날까요?

"전골용 채수로 만들면 가능합니다."

베트남쌀국수는 가볍게 먹기 좋은 한끼 일품요리입니다. 온가족이 국수요리를 좋아해 휴일에 즐겨 끓여 먹는 메뉴지요. 저는 간단하게 채수에 쌀국수만 넣어 먹거나 고수나 스리라차소스를 더해 먹는데 이렇게만 먹어도 베트남 현지 느낌이 난답니다. 진하게 우려낸 전골용 채수가 깔끔하고 담백한 국물 맛을 내주어요.

재료 쌀국수·숙주 1줌씩, 두부 1/2모, 표고버섯 1개, 청경채 1/3개, 비건어묵 1/2장, 비건새우 3마리, 레몬 슬라이스 1조각, 현미유 4스푼, 비건쯔유 3스푼 P030 참조, 소금 2꼬집, 전골용 채수 3컵 P027 참조

1. 쌀국수는 찬물에 담가 30분간 불리고 숙주는 씻어 체에 밭쳐요.
2. 두부는 한입 크기로 썰고, 표고버섯은 채썰어요. 청경채는 길이로 반 갈라요.
3. 달군 팬에 현미유를 두르고 두부를 중불로 튀기듯 구워 식혀요.
4. ③의 팬에 채썬 표고버섯을 넣어 버섯이 흐물해질 때까지 볶다가 비건쯔유와 소금을 넣고 졸이듯 볶아요.
5. 끓는 물에 청경채를 넣었다 바로 건지고 쌀국수는 면이 익을 때까지 짧게 데쳐요.
6. 그릇에 숙주와 쌀국수를 차례대로 담은 뒤 그 위에 구운 두부, 볶은 표고버섯, 데친 청경채, 비건어묵과 비건새우 그리고 레몬 슬라이스를 올려요.
7. 전골용 채수를 팔팔 끓여 먹기 직전에 부어요.

TIP
두부는 물기를 빼서 구우면 바삭해요.
시간이 있다면 두부의 물기를 뺀 후에 구워 넣어요. 두부 위에 면포를 깔고 무거운 접시나 그릇을 얹어 20분간 두면 물기가 빠지죠. 한입 크기로 잘라 구워도 튀긴 것처럼 바삭해요.

비건똠얌꿍

똠얌꿍이 먹고 싶어요.

"중독성 강한 비건 똠얌꿍을 알려드릴게요."

똠얌꿍은 중독성이 강한 요리입니다. 선호도가 극과 극이라고 할까요? 좋아하는 사람들이 있는가 하면 아예 쳐다보지도 않는 사람들도 있지요. 자, 똠얌꿍 마니아들을 위한 비건식 레시피를 소개합니다. 그 비결은 똠얌 페이스트와 향신료에 있지요. 저는 말린 갈랑가와 레몬그라스, 월계수잎, 라임잎이 섞인 향신료 믹스를 사용했어요. 그리고 비건새우를 넣어줄 거예요. 기존에 맛봤던 똠얌꿍과 똑같은 식감과 맛이 난답니다.

재료 (2인분) 쌀국수·느타리버섯 1줌씩, 비건새우 5마리, 청경채 3개, 라임 1/2개, 똠얌 페이스트 2스푼, 똠얌꿍 향신료 1봉(20g), 간단 채수 2컵 P026 참조, 두유 1/2컵, 장식용 타임 약간

1 쌀국수는 찬물에 30분 불렸다가 끓는 물에 5분간 삶아 체에 밭쳐 물기를 빼요.
2 냄비에 간단 채수를 붓고 끓으면 똠얌꿍 향신료를 모두 넣어요.
3 ②에 느타리버섯, 비건새우, 청경채를 넣어 센불에서 1분간 끓이다가 똠얌 페이스트를 넣고 고루 풀어요.
4 삶은 쌀국수와 두유를 넣고 크리미해질 때까지 중불에서 저어가며 끓여요.
5 불에서 내려 라임즙을 짜서 뿌리고 약간의 타임으로 장식해요.

향신료의 유통기한을 확인해요.
똠얌꿍에 넣는 향신료는 주로 허브 종류예요. 허브류는 유통기한이 지나면 향이 약해지니 사용 전에 반드시 유통기한을 확인하세요.

비건팟타이

51
태국 팟타이를 비건식으로 만들어주세요.

"여행지에서 맛본 팟타이 맛을 재현해보겠습니다."

팟타이는 많은 나라에서 사랑받는 태국요리입니다. 해외여행 중 웬만한 식당 메뉴판에서 쉽게 찾을 수 있지요. 대개 논비건 버전은 피시소스를 쓰는데 이런 거 없어도 얼마든지 맛있게 먹을 수 있습니다. 숙주를 살짝 익히면 아삭아삭 씹히는 맛이 식감을 더합니다. 동물성 소스 대신 스리라차소스와 땅콩버터로 맛을 내겠습니다.

재료 쌀국수·숙주 1줌씩, 청경채 2개, 팽이버섯 1/2팩, 양파·파프리카 1/2개씩, 빨강 청양고추 1개, 다진 마늘 2스푼, 다진 땅콩·레몬즙 1스푼씩, 후춧가루 1/4스푼, 소금 2꼬집, 현미유 3스푼

소스 스리라차소스·땅콩버터 P040 참조·설탕 2스푼씩, 간장·식초 1과1/2스푼씩, 연두 청양초맛 1/2스푼, 물 1과1/2컵

---

1 쌀국수는 찬물에 담가 30분간 불려요.
2 팬에 소스 재료를 넣고 섞어 센불에서 한소끔 끓여요.
3 숙주는 물에 씻고 청경채와 팽이버섯은 밑동을 자른 뒤 줄기를 분리해요.
4 양파와 파프리카는 5㎝ 길이로 채썰고 청양고추는 다져요.
5 끓는 물에 쌀국수와 숙주를 넣고 면이 익을 정도로 짧게 데쳐요.
6 달군 팬에 현미유를 두르고 다진 청양고추와 마늘을 센불에서 볶은 후 숙주를 제외한 채소와 버섯을 넣고 소금, 후춧가루로 간해 볶아요.
7 ⑥에 쌀국수와 숙주, ②의 소스를 넣고 1분간 볶은 후, 다진 땅콩과 레몬즙을 뿌려내요.

TIP
쌀국수와 숙주는 함께 데쳐요.
찬물에 불린 쌀국수는 끓는 물에 숙주와 함께 1~2분간 살짝 데쳐요. 쌀국수의 쫄깃함과 숙주의 아삭한 식감을 살릴 수 있어요.

비건커리
+짜파티

52 인도 레스토랑에서 맛본 커리가 떠올라요.

"짜파티와 함께 전통 커리를 즐겨요."

커리는 전세계인의 사랑을 받는 음식이죠. 뭉근하게 오래 끓여 재료가 가진 본연의 맛을 충분히 느낄 수 있는 요리로, 비건에게 아주 중요한 음식이기도 합니다. 커리가 만들어진 인도에는 비건을 포함한 채식 인구가 아주 많지요. 국내로 옮겨와 변형된 커리 말고, 인도 현지의 커리를 만들어보겠습니다.

2

4

6

7

비건커리 + 짜파티

재료 감자·양파 1/2개씩, 당근·빨강 파프리카·초록 파프리카 1/4개씩, 방울토마토 3개 또는 토마토 1/2개, 비건 카레가루·현미유 2스푼씩, 소금·후춧가루 1/2스푼씩, 간단 채수 2컵 P026 참조

짜파티 반죽(앉은뱅이 통밀가루 1과1/2컵, 물 1/2컵), 덧가루용 앉은뱅이 통밀가루 1/2컵씩

1 커리부터 만들어요. 감자와 당근, 파프리카는 사방 1.5cm 크기로 깍둑썰고 양파는 채썰어요.

2 달군 냄비에 현미유를 두르고 감자와 당근을 중불에서 볶아요.

3 ②에 파프리카와 양파를 넣고 소금, 후춧가루로 간해 센불에서 감자가 적당히 익을 때까지 볶아요.

4 간단 채수를 붓고 비건 카레가루를 넣어 잘 풀은 후 감자와 당근이 익을 때까지 푹 끓여요.

5 방울토마토를 넣고 감자가 완전히 익을 때까지 끓여 완성해요.

6 커리가 끓는 동안 짜파티를 만들어요. 앉은뱅이 통밀가루와 물을 섞어 반죽해요.

7 반죽은 숙성 없이 약 70g씩 나누어 덧가루를 묻혀 얇게 밀어요.

8 기름을 두르지 않은 팬에서 얇게 민 반죽을 앞뒤로 2분간 구워 완성한 비건커리와 곁들여요.

비건 레스토랑 핫메뉴 따라잡기

세계요리를 비건식으로 바꾸면 단순해지는 경향이 있습니다. 아무래도 버섯, 두부 등 즐겨쓰는 재료가 한정적이기 때문이겠지요. 그러다보면 화려하고 이색적인 세계요리의 특색을 살리기가 어려워집니다. 곤약, 콩고기 등 다양한 식품을 적절하게 활용하는 것도 방법이 될 수 있습니다.

【두부베네딕트】

재료 모닝빵 2개, 두부 1/2모, 시금치 1/2줌, 비건치즈 P034 참조 · 비건베이컨 2장씩, 올리브유 4스푼, 현미유 3스푼, 소금 1/4스푼, 후춧가루 1꼬집

빵 굽기 비건버터 2스푼 P032 참조, 레몬즙 1스푼

1. 볼에 비건버터와 레몬즙을 넣고 고루 섞어요.
2. 모닝빵을 반 잘라 양면에 ①을 바른 후 달군 팬에 구워요. 비건베이컨도 함께 구워요.
3. 두부는 모닝빵 크기에 맞추어 1㎝ 두께로 썰어 달군 팬에 현미유를 두르고 중불에서 구워요.
4. 달군 팬에 올리브유를 두르고 시금치, 소금, 후춧가루를 넣고 숨이 죽을 정도로만 살짝 볶아요.
5. 빵 위에 구운 두부→구운 비건베이컨→볶은 시금치→비건치즈 순으로 올리고 남은 빵으로 덮어요.

【우엉립스테이크】

재료 말린 표고버섯 밑동 1컵, 우엉 1/2개, 곁들임 방울토마토 2개, 브로콜리 작은 줄기 1개, 양파즙·녹말가루 2스푼씩, 다진 마늘 1스푼, 현미유 1컵, 덧가루용 녹말가루 2스푼
반죽옷 밀단백질 50g, 물 65g, 소금 1g

1. 말린 표고버섯 밑동은 물에 6시간 불린 뒤 믹서에 갈아요.
2. 우엉은 껍질을 벗겨 7㎝ 길이로 잘라요.
3. ①에 양파즙, 녹말가루, 다진 마늘을 넣고 반죽해 우엉에 붙여요.
4. 분량의 재료를 섞어 반죽옷을 만들어 얇게 펴서 ③의 우엉을 감싸요.
5. 덧가루용 녹말가루를 ④의 우엉립 앞뒤로 묻혀 170℃로 가열한 현미유에 넣고 노릇하게 튀겨요.
6. 브로콜리는 끓는 물에 1분간 데쳐 물기를 제거하고 방울토마토와 함께 접시에 올려 내요.

【들깨크림파스타】

재료 스파게티 3줌, 양파 1/2개, 양송이버섯 4개, 들기름 5스푼, 다진 마늘 1스푼, 연두 1/2스푼, 소금 1/4스푼, 후춧가루·파슬리가루 1꼬집씩
크림소스 두유 1컵, 코코넛밀크 1/2컵, 들깨가루 1과1/2스푼

1. 양파와 양송이버섯은 얇게 슬라이스해요.
2. 끓는 물에 소금 1/2스푼(분량 외)을 넣고 스파게티를 삶아요. 면이 씹힐 정도로 80% 익었을 때 건져 체에 밭쳐 물기를 빼요.
3. 들기름을 두른 팬에 다진 마늘을 넣고 볶다가 ①의 양파와 양송이버섯을 넣고 소금, 후춧가루로 간해 센불에서 볶아요.
4. 다른 팬에 두유와 코코넛밀크, 들깨가루, 연두를 고루 섞어 센불에서 2분간 끓여요.
5. ③과 삶은 스파게티를 ④에 넣고 다시 끓여요.
6. 취향에 맞는 농도가 될 때까지 졸인 후 접시에 담고 파슬리가루를 뿌려요.

[vegan]

스페셜요리

- 버섯 & 콩 · 밀고기요리
- 다이어트요리
- 세계요리
- 보양식

SUBJECT 08

힘 딸리는 날,
보양식이 필요한 날

비건으로 살다보면 몸의 변하면서 몇 가지 겪게 되는 현상이 있지요. 평소 단맛을 즐기지 않던 제가 비건살이 3년 만에 단맛을 찾게 되더군요. 스스로 비건아이스크림을 찾아 먹고는 했지요. 그 다음에는 기름기 있는 음식이 몹시 당겼어요. 그때는 여러 가지 전을 부쳐 먹으며 극복했습니다. 무언가 음식이 당긴다는 건 몸의 변화가 생긴다는 징표이기도 합니다. 컨디션이 좋지 않은 날, 비건에게도 보양식은 필수입니다. 몸이 원하는 음식을 건강하게 챙겨 먹는 게 비건의 보양식이지요.

저는 힘이 딸리는 날에는 채계장을 끓여 먹습니다. 각종 채소를 볶아서 푹 끓여 먹고 나면 다음날 저절로 회복할 힘이 생기지요. 채계장 외에도 컨디션이 좋지 않다고 느껴질 때는 주로 양파, 무, 버섯, 두유, 마늘을 이용해 요리를 만듭니다. 모두 몸을 따듯하게 보하는 기운이 많은 식품이지요. 특히 두유의 경우 시판보다는 직접 콩을 갈아 만들어 먹는 것을 추천합니다. 조금은 번거로워도 컨디션을 회복하는데 큰 도움이 됩니다.

가지구이

53 감기몸살에 걸렸어요!

"비타민 가득한 가지구이를 드세요."

가지는 구이를 하면 버터향이 나요. 그래서 많은 분들이 가지를 좋아하지요. 가지를 활용한 요리도 많고요. 많은 요리 가운데 오늘은 가지에 칼집을 내어 고소하게 구워낼 겁니다. 이 요리를 만들면 가족들도 밥을 두 공기씩 싹싹 비우죠. 요리할 때는 양념이 타지 않도록 약불로 졸여야 맛있습니다. 뭉근하게 구우면서 캐러멜향을 내는 게 중요해요.

재료 가지 1개, 빨강 파프리카·피망·양파 1/4개씩, 당근 약간, 현미유 2스푼

양념 비건쯔유 3스푼 P030 참조, 다진 파 2스푼, 설탕·다진 마늘·참기름·통깨 1스푼씩, 고춧가루 1/4스푼, 후춧가루 1꼬집

---

1 가지를 세로로 길게 반 잘라 다이아몬드 모양으로 칼집을 내요.
2 파프리카와 피망, 양파, 당근을 다지듯이 잘게 잘라요.
3 볼에 분량의 양념 재료와 ②를 넣고 잘 섞어요.
4 팬에 현미유를 두르고 중불에서 가지를 자른 면이 위로 오도록 올린 후 ③의 양념을 부어요.
5 양념이 끓으면 스푼으로 양념을 가지 위에 부어가며 졸여요.
6 양념이 모두 졸여지면 약불로 낮추고 1분간 더 끓여 완성해요.

가지를 구울 때는 기름을 적게 넣어요.
벌집모양으로 칼집을 낸 가지를 구울 때는 기름 양에 주의하세요. 가지가 스펀지처럼 기름을 모두 흡수해요. 현미유를 조금 두르고 약불에서 타지 않게 구워야 느끼해지지 않습니다.

비건버섯죽

54 배탈이 났을 때는 무얼 먹어야 할까요?

"영양 가득한 따듯한 죽 한 그릇이 최고죠!"

세균이 있는 음식을 먹을 때는 장염에 걸리기도 하죠. 이럴 때는 드시는 것을 멈추고 장을 비우는 것이 중요합니다. 음식물 없이 장이 충분히 휴식을 취한 후에는 무리가 가지 않도록 죽을 먹는 게 좋겠어요. 버섯죽은 부드러운 식감으로 무리 없이 먹기 적당하죠. 쌀을 불릴 시간을 감안하여 요리하세요. 버섯 밑동은 보통 채수를 우리는데 사용하지만 요리 재료로 사용하면 식감이 쫄깃해 색달라요.

재료 밥 1공기, 양파 1/2개, 애호박 1/4개, 빨강 파프리카 1/4개, 청양고추 1/2개, 표고버섯 2개, 현미유 2스푼, 전골용 채수 1과1/2컵 P027 참조, 소금 또는 비건쯔유 P030 참조적당량

1. 양파와 애호박, 파프리카, 청양고추는 잘게 다지고 표고버섯은 밑동까지 길게 슬라이스해요.
2. 달군 팬에 현미유를 두르고 준비한 양파, 애호박, 파프리카, 청양고추, 표고버섯을 볶아요.
3. 채소와 버섯이 살짝 익으면 전골용 채수를 붓고 밥을 넣어요.
4. 밥알이 풀어지고 채소가 다 익을 때까지 센불로 10분 끓여요.
5. 먹기 직전 기호에 맞게 소금 또는 비건쯔유로 간해요.

약간 묽을 때 불을 꺼요.
냄비 뚜껑을 열고 끓이다가 물기가 촉촉하게 남았을 때 불을 끄세요. 죽은 불을 끈 후에도 쉽게 퍼지므로 원하는 농도보다 묽을 때 불을 꺼야 완성 시 농도가 알맞습니다.

채계장

채계장 맛있게 끓이는 방법이 궁금해요.

"오랫동안 간직해온 채계장 비법입니다."

논비건이 육개장이라고 부르는 것을 비건은 채소의 '채(菜)'자를 차용하여 '채계장'이라고 부르지요. 채계장은 각종 채소를 넣고 뭉근히 끓여서 채소에서 나오는 엑기스로 국물 맛이 내는 요리입니다. 매콤한 맛을 좋아한다면 고춧가루도 충분히 넣어주세요. 빨간색이 식욕을 돋아줍니다. 다양한 채소가 필요하니 장볼 때 미리 필요한 목록을 적어 챙기세요.

재료 무 3cm 크기 1토막, 얼갈이배추 1포기, 콩나물·방아잎 1줌씩, 불린 고사리 20g, 느타리버섯 1/4팩, 양파 10g, 대파 1대, 현미유 3스푼, 다진 마늘 1/2스푼, 전골용 채수 2와1/2컵 P027 참조

양념 다진 마늘·고춧가루·현미유 3스푼씩, 국간장 2스푼, 된장·참기름 1/2스푼씩

1. 양념을 먼저 만들어요. 분량의 재료를 섞어 양념을 숙성시켜요.
2. 무는 3cm 크기로 나박썰고 얼갈이배추는 5cm 크기로 잘라요. 대파도 반 갈라 같은 크기로 잘라요.
3. 느타리버섯은 가닥가닥 분리하고, 양파는 0.5cm 두께로 썰어요.
4. 달군 팬에 현미유를 두르고 다진 마늘을 넣고 볶아요.
5. 마늘향이 나면 무와 느타리버섯, 양파, 대파를 넣고 센불에서 볶다가 콩나물, 방아잎, 불린 고사리를 넣고 더 볶아요.
6. 채소의 숨이 죽으면 전골용 채수를 붓고 센불에서 2분간 끓여요.
7. 마지막으로 얼갈이배추를 넣고 준비한 양념을 넣어 센불에서 3분간 끓여 완성해요.

양념은 마지막 단계에서 넣고 끓여요.
처음부터 양념을 넣고 끓이면 고춧가루와 거품이 올라와 지저분해지고 국물 맛도 텁텁해져요. 미리 만들어둔 양념은 마지막에 넣고 한소끔 끓여요.

비건장어덮밥

56 힘이 딸려요.
보양식이 필요해요!

"장어덮밥 비건식으로 안내합니다."

울끈불끈 힘이 나는 보양식이 있습니다. 칼륨과 비타민이 많은 감자로 비건장어덮밥을 만들어보세요. 장어의 살코기는 같은 감자를 구워 만들고, 김으로 장어의 겉면을 표현하지요. 힘이 딸릴 때 밥과 함께 먹으면 보양식으로 손색없답니다. 간단 채수와 비건쯔유, 생강으로 만든 양념이 그 맛을 내주죠. 송송 썬 쪽파와 생강채를 더해 산뜻하게 즐기세요. 도시락 일품 메뉴로도 추천합니다.

2

3

4

비건장어덮밥

재료 밥 1공기, 김밥용 김 1장, 감자 2개, 녹말가루 4스푼, 포도씨유 5스푼
소스 간단 채수 2컵 P026 참조, 마늘 5쪽, 생강 10g(마늘 1쪽 크기), 다시마 5×5cm 4장, 비건쯔유 P030 참조·맛술·청주·설탕 1/2컵씩, 조청 2스푼
고명 송송 썬 쪽파·생강채 1/2스푼씩

1. 감자는 껍질을 벗겨 적당한 크기로 잘라 믹서에 갈아요.
2. 김은 7×10cm 크기로 자르고 그 위에 ①의 감자를 올린 뒤 길쭉하게 펼쳐요.
3. ②의 앞뒤로 녹말가루를 묻혀 달군 팬에 포도씨유를 두르고 센불에서 노릇하게 구워 비건장어를 만들어요.
4. 소스를 만들어요. 냄비에 간단 채수와 마늘, 생강, 다시마를 넣고 센불에서 팔팔 끓으면 다시마를 빼고 중불로 5분간 끓여요.
5. ④에 비건쯔유, 맛술, 청주, 설탕을 넣고 고루 섞어 20분간 끓여서 내용물이 반 정도 줄어들 때까지 졸여요.
6. 마지막으로 조청을 넣어 1분간 파르르 끓여 소스를 완성해요.
7. 밥 위에 ③의 비건장어를 얹고 끓인 소스를 부어요. 고명으로 송송 썬 쪽파와 생강채를 올려요.

콘소메수프

57
비건을 위한 여름 보양식을 소개해주세요.

"채소 엑기스가 우러난 콘소메수프를 추천합니다."

복날이라는 용어도 없어져야 할 낡은 단어라고 생각합니다. 주로 삼복에 우리나라 사람들은 복날이라며 개식용을 떠올리는 이미지가 있었지요. 요즘에는 비건 사이에서 복날에 수박을 먹자는 움직임이 일고 있습니다. 오늘 만들어볼 수프는 만들기 쉽지 않은 콘소메수프입니다. 포인트는 양파를 끈기 있게 잘 볶아서 양파의 단맛이 수프 전체에 스며들게 만드는 것이지요. 자, 한번 만들어볼까요?

재료 토마토·양파·당근 1/2개씩, 샐러리 1대, 현미유 3스푼, 소금·후춧가루 1꼬집씩, 간단 채수 5컵 P026 참조, 월계수잎 약간

1. 토마토는 끓는 물에 1분간 데치고 껍질을 벗겨 한입 크기로 썰어요. 양파, 당근, 샐러리는 채썰어요.
2. 달군 팬에 현미유를 두르고 양파를 넣어 센불에서 투명해지도록 볶아 단맛을 내요.
3. ②에 데쳐 껍질을 벗긴 토마토와 채썬 당근과 샐러리를 넣고 볶다가 약불로 줄여 소금과 후춧가루로 간해요.
4. ③에 간단 채수를 붓고 월계수잎을 넣고 한소끔 끓어오르면 약불로 줄여 20분간 더 끓여요.
5. ④를 면포에 걸러 그릇에 담아 완성해요.

양파부터 볶아 단맛을 내요.
채소를 볶기 전에 양파부터 넣고 볶아 은은한 단맛의 수프 베이스를 만들어요. 현미유에 양파를 볶으면 진한 갈색을 띠면서 단맛이 돌아요.

흑임자과일샌드위치

58
만성피로에 시달려요! 피로를 덜어주는 메뉴 있나요?

"새콤달콤 과일로 입맛은 살리고, 피로는 날려요."

만성피로는 혈액순환이 문제일 가능성이 높아요. 이럴 때는 과일 샌드위치처럼 비타민이 풍부한 음식을 추천합니다. 맛있는 흑임자마요를 소스로 만들어 빵에 바르고 새콤달콤한 샌드위치를 만들어요. 과일의 새콤함과 흑임자의 고소함이 사라진 입맛을 되살려줄 거예요. 레시피 속 사과와 키위가 아니더라도 남은 자투리 과일을 활용해요.

재료	식빵 2장, 사과·키위 1/2개씩, 비건버터 2스푼 P032 참조
흑임자마요	흑임자가루 1스푼, 비건마요네즈 2스푼 P030 참조

1. 슬라이스 식빵에 비건버터를 발라 토스트기에 가볍게 구워요.
2. 흑임자가루와 비건마요네즈를 섞어 흑임자마요를 만들어요.
3. 구운 식빵을 반 잘라 양쪽에 흑임자마요를 발라요.
4. 사과와 키위는 먹기 좋게 반달 모양으로 슬라이스해요.
5. ③의 식빵 반쪽 위에 사과 슬라이스와 키위 슬라이스를 각각 올리고 남은 식빵 반쪽으로 덮어요.

식빵에 물을 살짝 뿌려 구워요.
분무기로 식빵 앞뒷면에 물을 살짝 뿌리고 비건버터를 발라 구우면 갓 구운 빵처럼 겉은 바삭 속은 부드러운 식빵이 완성되어요.

파베초콜릿

59 생리통이 심해요.

"달콤한 비건초콜릿을 권해요."

컨디션이 떨어질 때 단 음식이 당기는 분들 많으시죠? 달달한 초콜릿 하나를 입에 넣으면 잠시 컨디션이 좋아지는 경험을 하곤 합니다. 파베초콜릿은 생 초콜릿을 말합니다. 비건초콜릿이 드문 만큼 직접 만들어 먹거나 선물한다면 좋을 거예요. 다크초콜릿은 카제인나트륨 같은 첨가물이 들어 있지 않은 비건초콜릿이지요. 이 다크초콜릿으로 파베초콜릿을 만들어보겠습니다. 원하는 모양의 실리콘 틀을 미리 준비하세요.

재료 다크초콜릿 100g, 코코넛밀크 1/3컵, 코코아파우더 5스푼, 바닐라 익스트랙트 1/2스푼, 소금 1꼬집

1 다크초콜릿을 잘게 잘라주어요.
2 냄비에 코코넛밀크를 붓고 중불에서 끓기 직전에 불을 꺼요.
3 ②에 다크초콜릿과 바닐라 익스트랙트, 소금을 넣어요.
4 ③을 준비한 실리콘 틀에 부어 냉동실에 얼려주세요.
5 1시간 정도 지나 어느 정도 굳으면 틀에서 빼내어 코코아파우더를 뿌려요.

코코넛밀크는 끓기 직전에 불을 꺼요.
코코넛밀크는 오래 끓이면 뭉쳐지기 쉬워요. 끓기 직전에 불을 꺼야 되직한 농도가 되어요.

컨디션별 추천 비건 수프와 음료

예로부터 약을 쓰기 전에 음식으로 치료하라는 말이 있습니다. 약이 되는 음식으로 먼저 치료하여 나아진다면 약에서 오는 부작용은 피할 수 있겠지요. 그게 바로 약선요리입니다. 평소 저의 요리처방을 소개하자면 감기몸살에는 면역력을 키워주는 콩나물, 녹두, 시금치, 양배추, 땅콩, 참기름, 들기름 등을 이용해 따뜻한 국물요리나 수프를 만들어 먹습니다. 두통이 심할 때는 마그네슘과 미네널이 풍부하고 어혈을 풀어주는 민트, 감자, 바나나, 생강, 시금치 등으로 요리를 하지요. 어지럼증 같은 빈혈 증상에는 철분과 엽산, 그리고 그 흡수를 돕는 비타민C를 함께 함유한 시금치, 과일, 견과류, 비트, 석류 등으로 가볍게 주스를 만들어 마십니다.

중요한 시험 전날 【양송이수프】

재료 감자 1/3개, 양파 1/4개, 양송이버섯 4개, 마늘 2쪽, 현미유 2스푼, 소금 1/4스푼, 후춧가루 1꼬집, 간단 채수 1/2컵 P026 참조, 무설탕 두유 1/4컵

1. 감자, 양파는 작게 깍둑썰고, 양송이버섯과 마늘은 슬라이스해요.
2. 달군 팬에 현미유를 두르고 마늘 슬라이스를 넣어 볶다가 감자, 양파를 넣고 센불에서 볶아요.
3. 감자가 반 정도 익으면 양송이버섯, 소금, 후춧가루, 간단 채수를 넣고 믹서로 갈아요.
4. 냄비에 ③과 무설탕 두유를 붓고 센불로 끓이다가 보글보글 끓으면 중불로 낮춰 저어주며 끓여요. 취향에 맞는 농도가 되면 불을 꺼요.

만성피로에 시달려요 【마늘브로콜리포테이토수프】

재료　마늘 5쪽, 브로콜리 1/4개, 감자 1개, 두유·아몬드밀크·간단 채수 P026 참조 1/2컵씩, 현미유 2스푼, 소금 1/2스푼, 후춧가루 1꼬집, 식빵 1/2장

1. 마늘은 얇게 슬라이스하고 감자는 깍둑썰어 삶아요.
2. 끓는 물에 소금 2꼬집(분량 외)을 넣고 브로콜리를 데쳐요. 브로콜리는 장식용으로 약간 떼어놔요.
3. 냄비에 현미유를 두르고 슬라이스한 마늘을 먼저 볶아요.
4. ③에 감자, 브로콜리를 넣고 센불에서 3분 볶다가 소금, 후춧가루로 간해요.
5. ④에 두유, 아몬드밀크, 간단 채수를 넣고 약불로 30분간 끓여요.
6. ⑤를 믹서로 갈아서 수프볼에 담아요.
7. 식빵을 기름 없이 바싹 구워 큐브모양으로 잘라 남겨둔 브로콜리와 함께 먹어요.

출출할 때 간단히 【핫소이라떼】

재료　두유 1컵, 에스프레소 1샷

1. 컵에 뜨거운 물을 부어 예열해요.
2. 예열한 컵에 준비한 에스프레소를 부어요.
3. 두유를 스팀해요. 스팀기가 없을 땐 냄비에 두유를 붓고 한 번 끓어오를 때까지 센불에 끓여요.
4. 컵에 데운 두유를 부어 완성해요.

[vegan]

주전부리

● 길거리 간식
○ 라면요리
○ 디저트

SUBJECT 09 길거리 간식이 당기는 날

비건으로 살면서 그리운 음식을 꼽는다면 핫도그, 오뎅, 김밥, 떡볶이, 순대 등 길거리 간식이 순위에 들 거예요. 저 역시 토마토케첩을 발라 먹던 핫도그는 아직도 생각이 납니다. 겨울에 호호 불며 먹던 오뎅도 가끔 그립지요. 김밥도 함께 먹던 사람들의 이름까지 생각날 정도로 추억이 가득한 음식입니다. 모두 추억 속의 한 장면일 뿐. 더이상 길거리에서 간식을 먹기는 어렵습니다.
길거리에서는 먹을 수 없지만 집에서는 논비건 재료를 비건으로 바꾸어 누구든지 만들 수 있습니다. 길거리 간식을 좋아하는 가족을 위해 다양한 비건 간식 레시피를 섭렵했습니다. 비건 길거리 간식을 하나씩 만들어낼 때마다 작은 희열도 느끼지요. 그중에서도 순대는 가장 기억에 남습니다. 과연 비건순대가 가능할까 모두들 의아해했지만, 두부피를 이용해 당면과 채소로 속을 채워 비슷한 식감을 냈지요. 이제 참지 말고 드세요! 비건 길거리 간식 레시피를 소개합니다.

떡볶이그라탕

60
특별한 떡볶이 레시피를 알려주세요.

"비건치즈를 올린 떡볶이그라탕이 있습니다."

국민 간식 떡볶이에는 안타깝게도 달걀과 어묵이 들어가지요. 먹고 싶어도 주문이 불가합니다. 게다가 MSG까지 범벅이니 몸에도 좋지 않아요. 결국 집에서 비건식으로 건강하게 만들어 먹지만 가끔은 특별한 떡볶이가 먹고 싶기는 합니다. 그래서 생각해낸 게 비건치즈를 넣은 그라탕이지요. 비건치즈에 비건어묵까지 넣으니 논비건 시절에 먹던 떡볶이그라탕과 맛이 똑같습니다. 재료만 조금 바꿔도 새로운 떡볶이를 만들 수 있어요.

재료 떡볶이떡 120g, 양배추 1/10통, 양파 1/4개, 대파 1/4대, 비건어묵 1장, 비건치즈 20g P034 참조, 마늘기름(마늘 슬라이스·현미유 1/2스푼씩), 매운 국물용 채수 2컵 P026 참조

양념 고추장·고춧가루 1스푼씩, 설탕·연두 1/2스푼씩

1 떡볶이떡은 찬물에 5분 정도 담가두고, 비건어묵을 삼각형 모양으로 잘라요.
2 양배추와 양파는 큼직하게 썰고 대파는 어슷하게 썰어요.
3 팬에 현미유를 두르고 마늘 슬라이스를 볶아요.
4 마늘기름이 나오면 준비한 양배추, 양파, 대파를 넣고 센불에서 1분간 볶아요.
5 고추장과 고춧가루를 넣고 볶다가 매운 국물용 채수를 부어요.
6 준비한 떡볶이떡과 비건어묵을 넣고 센불에서 3분간 끓여 설탕과 연두로 간을 맞춰요.
7 그릇에 떡볶이를 담고 비건치즈를 듬성듬성 올린 후 180℃로 예열한 오븐에서 2분간 구워내요.

 TIP

비건치즈는 마지막 단계에서 올려 녹여요.
코코넛오일과 코코넛밀크가 주성분인 비건치즈는 열을 가하면 녹아 늘어나는 특징이 있어요. 완성한 요리 위에 뿌려 전자레인지나 오븐에서 2분간 가열해요.

수제두부패티버거

61 자꾸 햄버거가 생각나요.

"두부패티로 버거를 만들겠습니다."

두부패티로 건강한 맛의 비건두부버거를 만들어보세요. 수제 두부패티, 과카몰리, 느타리버섯볶음을 넣고 만들어 맛이 끝내주지요. 속재료가 많아 손이 좀 가지만 두부패티를 미리 만들어 냉동보관해두면 시간을 단축할 수 있답니다. 밥하기 귀찮은 날에 냉동 두부패티를 꺼내어 냉장고 속 재료를 적당히 넣고 만들어 먹어도 좋아요.

2

4

5

5

6

수제두부패티버거

재료 (2인분)	모닝빵 2개, 토마토 슬라이스 2개, 비건마요네즈 1스푼 P030 참조, 비건버터 약간 P032 참조
두부패티	두부 1모, 양파 1/2개, 당근 1/8개, 느타리버섯 1/2줌, 표고버섯 2개, 녹말가루 3스푼, 빵가루·현미유 2스푼씩, 참기름 1스푼, 소금·후춧가루 1/2스푼씩, 덧가루용 녹말가루 6스푼
과카몰리	아보카도·다진 토마토·다진 양파 2스푼씩, 소금 2꼬집, 후춧가루 1/4스푼
버섯볶음	느타리버섯 1줌, 비건쯔유 2스푼 P030 참조, 설탕 1스푼, 현미유 1/2스푼

1. 수제 두부패티부터 만들어요. 양파와 당근, 버섯은 잘게 다져 현미유 1스푼을 두른 팬에서 센불로 2분간 볶아 식혀요.

2. 두부는 면포에 싸서 꼭 짜 물기를 최대한 제거한 후 녹말가루, 빵가루, 참기름, 소금, 후춧가루를 넣고 섞어요.

3. ①과 ②를 섞어 둥근 모양으로 만든 후 덧가루용 녹말가루를 묻혀 현미유 1/2스푼을 두른 팬에서 중불로 5분간 구워요.

4. 과카몰리를 만들어요. 볼에 아보카도를 넣고 포크로 으깨어 다진 토마토와 다진 양파, 소금, 후춧가루를 넣고 섞어요.

5. 느타리버섯볶음을 만들어요. 팬에 현미유 1/2스푼을 두르고 비건쯔유와 설탕을 넣고 캐러멜화시켜 가닥가닥 분리한 느타리버섯을 센불에서 2분간 볶아요.

6. 모닝빵을 반으로 갈라 분무기로 물을 살짝 뿌린 후 팬에 비건버터를 넣고 중불로 1분간 구워요.

7. 구운 빵의 안쪽 면에 비건마요네즈를 바르고 빵 → 토마토 슬라이스 → 수제 두부패티 → 과카몰리 → 느타리버섯볶음 → 빵 순으로 쌓아 완성해요.

비건순대

62

야식으로 순대가 먹고 싶어요. 어쩌죠?

"하얀 백순대 같은 비건순대를 만들어드릴게요."

순대는 비건이 먹어 보지 못한, 그래서 먹고 싶은 로망이 강한 메뉴가 아닐까 생각합니다. 순대도 속재료로 채소, 두부, 당면 등을 넣고 동물성 재료를 빼고 만들면 비건식이 가능하지요. 순대는 흔히 알고 있는 붉은 순대와 하얗고 담백한 백순대로 나뉘는데, 소개하는 메뉴는 백순대 비건 버전이에요. 넉넉히 만들어 밀봉해 냉동보관했다가 쪄서 먹어도 좋답니다. 비건순대 레시피를 알려드립니다.

재료 면두부 1장, 두부 1모, 당면 80g(삶은 당면 150g), 부추 1줌, 양파 1개, 당근 1/4개, 찹쌀가루 1/2컵, 다진 김치 1컵, 다진 마늘·다진 파·참기름 2스푼씩, 소금 1/4스푼, 후춧가루 1꼬집

1. 당면은 찬물에 2시간 불렸다가 끓는 물에 30분간 삶아 찬물에 헹궈 체에 밭쳐요.
2. 두부는 면포에 물기를 짜서 준비해요.
3. 삶은 당면, 부추, 양파, 당근을 잘게 썰어요.
4. 큰 볼에 ③과 다진 김치, 다진 마늘, 다진 파를 넣고 섞은 다음 소금, 후춧가루로 간을 해요.
5. ②에 찹쌀가루와 참기름을 넣고 으깨듯 반죽해 ④와 섞어요.
6. 면두부에 만든 속을 올리고 김밥을 말듯 말아요.
7. 김 오른 찜기에 올려 10분간 쪄주면 완성입니다.

녹말물을 풀처럼 활용해도 좋아요.
비건순대 모양을 잡을 때 김발을 이용하면 면두부를 쉽게 말 수 있어요.
만약 끝부분이 잘 붙지 않는다면 녹말물을 약간 묻혀 붙여주세요.

비건프렌치토스트

63
달콤한 프렌치토스트가 그리워요.

"식물성 재료로 프렌치토스트도 가능해요."

휴일 브런치로 손쉽게 즐기는 음식이 토스트죠. 부드러운 프렌치토스트에 진한 커피 한잔이면 더없이 만족스러운 날이 있지요. 비건도 프렌치토스트로 준비한 브런치를 즐길 수 있습니다. 논비건의 식재료인 달걀 대신에 코코넛밀크를 넣고 프렌치토스트를 만들어볼 생각입니다. 구하기 쉬운 재료로 만든 비건프렌치토스트 맛에 깜짝 놀랄 거예요.

재료 식빵 1장, 바나나 1/2개, 코코넛밀크 1/3컵, 메이플시럽 1/2스푼, 현미유 1스푼, 슈거파우더 1/4스푼

토핑 오렌지 1/4개, 딸기·블루베리·아몬드 적당량씩

---

1 식빵은 대각선으로 반 잘라요.
2 믹서에 바나나와 코코넛밀크, 메이플시럽을 넣고 갈아요.
3 넓은 그릇에 ②를 붓고 대각선으로 반 자른 식빵의 양면을 살짝 적셔요.
4 팬에 현미유를 두르고 ③을 넣고 중불에서 노릇하게 구워요.
5 접시에 프렌치토스트를 담고 슈거파우더를 체에 받쳐 뿌려요.
6 준비한 토핑용 과일을 적당한 크기로 잘라 블루베리, 아몬드와 함께 곁들여요.

TIP
식빵이 찢어지지 않도록 주의해요.
논비건식의 달걀과 우유 대신 바나나와 코코넛밀크를 믹서에 갈아 활용해요. 식빵을 너무 푹 담그면 찢어질 수 있으니 빠르게 담갔다 빼주세요. 시나몬파우더를 추가해도 좋습니다.

채소고로케

64
바삭한 고로케를 만들어주세요.

"감자로 고로케 만들어드릴게요."

바로 튀긴 튀김은 정말 맛있지요. 바삭하게 씹히는 맛있는 고로케를 어떻게 잊을 수가 있을까요? 채소를 듬뿍 넣은 고로케를 NON-GMO 오일로 금세 튀겨 먹으면 세상 그 누구도 부럽지 않죠. 고로케는 반죽이 중요합니다. 너무 무르지도 너무 되지도 않게 반죽해야 해요. 그 다음은 맛있게 튀겨내기만 하면 됩니다. 색다른 맛에 도전하고 싶다면 카레를 조금 넣어보세요.

재료 감자 2개, 양파·당근 1/4개씩, 표고버섯 1/2개, 소금 1/4스푼, 후춧가루 1꼬집, 밀가루 1/2컵, 해바라기씨유 2컵, 토마토케첩 적당량

튀김옷 녹말물(녹말가루 1/4스푼, 물 1컵), 빵가루 1/2컵

---

1. 감자는 삶아서 으깨고, 양파, 당근, 표고버섯을 잘게 다져요.
2. 팬에 해바라기씨유를 조금 두르고 다진 채소를 센불에서 1분간 볶아요.
3. 볼에 삶은 감자와 볶은 재료들을 넣고 소금, 후춧가루로 간해요.
4. ③에 밀가루를 넣고 버무려 한입 크기로 뭉쳐요.
5. 녹말물을 만들어 ④의 고로케 반죽을 담갔다가 빵가루를 묻혀요.
6. 튀김냄비에 고로케가 잠길 정도로 해바라기씨유를 붓고 170℃에서 고로케가 노릇해질 때까지 튀겨요.
7. 튀긴 고로케는 한 김 식혀 토마토케첩에 찍어 먹어요.

 TIP
반죽은 랩으로 감싸 뭉쳐요.
고로케 반죽을 뭉칠 때는 랩이나 위생봉지를 활용하세요. 랩 위에 반죽을 올려 보자기처럼 돌돌 말아주면 단단하게 뭉칠 수 있어요.

채소크레이프랩

65 특별한 간식 없을까요?

"프랑스의 간식 크레이프 어떨까요?"

크레이프는 프랑스에서 가볍게 즐기는 간식입니다. 크레이프를 얇게 구워내고 알록달록 과일들로 예쁘게 담아내면 보는 즐거움과 먹는 즐거움을 한꺼번에 느낄 수 있지요. 실제 본고장에서는 과일, 초콜릿 외에도 버섯, 두부로도 크레이프를 만든답니다. 오늘 만들 채소크레이프랩은 다양한 과일을 넣어 상큼한 맛을 냈지요. 크레이프 반죽에 녹차가루와 단호박가루 등을 섞어 구우면 컬러도 맛도 색다른 크레이프를 만들 수 있어요.

재료　키위 1/2개, 딸기 5개, 초콜릿시럽·슈거파우더 1/2스푼씩
반죽　밀가루 1컵, 두유 또는 아몬드밀크 1과1/2컵, 설탕 1스푼
소스　머스터드소스·비건마요네즈 P030 참조 1스푼씩

1　볼에 밀가루와 두유 또는 아몬드밀크, 설탕을 넣고 섞어요.
2　키위와 딸기는 두껍지 않게 슬라이스해요.
3　①의 반죽을 기름 두르지 않은 팬에 얇게 펴 약불로 살짝 구워요.
4　구운 크레페를 펴고 그 위에 키위와 딸기 슬라이스를 올려요.
5　머스터드소스와 비건마요네즈를 동량의 비율로 섞어 ④ 위에 뿌려요.
6　크레이프를 접은 후 초콜릿시럽과 슈거파우더를 뿌려 완성해요.

크레이프는 예열한 팬에 구워요.
기름 없이 반죽을 구워낼 때는 반드시 예열한 팬에서 구워야 반죽이 찢어지지 않아요.. 코팅팬을 이용하거나 기름을 조금만 둘러도 되어요.

비건소시지핫도그

66 핫도그도 비건식으로 맛볼 수 있나요?

"비건소시지부터 준비합시다!"

우리 빵집 스태프밀로 가장 자주 만드는 메뉴예요. 비건소시지에 신선한 채소와 소스를 곁들이면 비건식인지 모를 만큼 그 맛이 비슷하다는 반응입니다. 비건소시지는 아직까지는 다소 가격이 높지만 쫀득한 식감에 종종 당깁니다. 핫도그 레시피의 라스트는 소스의 몫이죠. 2가지 컬러의 소스를 크로스해 갈'지(之)' 자로 뿌려야 먹음직스러워요. 매콤한 맛을 내고 싶으면 할라피뇨 양을 늘려요.

재료	핫도그빵 1개, 비건소시지 1개, 양파 1/4개, 상추·케일 1장씩 또는 샐러드채소 적당량, 피클 슬라이스 3개, 다진 할라피뇨 1스푼
버섯볶음	느타리버섯 1/2줌, 비건쯔유 1스푼 P030 참조, 설탕·현미유 1/2스푼씩
소스	비건마요네즈 3스푼 P030 참조, 머스터드소스 1과1/2스푼, 토마토케첩 1스푼

1. 비건마요네즈와 머스터드소스를 섞어요.
2. 양파는 채썰어 물에 10분간 담가 매운맛을 빼고 상추와 케일은 3등분해 잘라 섞어요.
3. 느타리버섯은 가닥가닥 분리해요. 팬에 현미유를 두르고 비건쯔유와 설탕을 넣고 가열해 캐러멜화가 되면 느타리버섯을 넣고 센 불에서 2분간 볶아요.
4. 팬에 비건소시지를 올려 기름 없이 굽고, 핫도그 빵을 반 갈라 ①의 소스를 얇게 펴발라요.
5. ④에 상추&케일 믹스를 올리고 채썬 양파 → 느타리버섯볶음 → 다진 할라피뇨 → 피클 슬라이스 → 비건소시지 순으로 쌓아요.
6. 토마토케첩과 남은 ①의 소스를 각각 뿌려내요.

 TIP
2가지 소스를 섞어 핫도그 소스를 만들어요.
톡 쏘는 머스터드소스에 부드러운 비건마요네즈를 섞으면 깔끔한 맛의 소스가 완성됩니다. 비건마요네즈는 미리 만들어두고 사용하세요.

비건떡볶이 vs

주변에서 맛있는 떡볶이 만드는 방법을 자주 물어오곤 합니다. 대부분 소스를 궁금해하지만 떡볶이 맛의 핵심은 떡에 있습니다. 쌀떡은 오래 끓이면 퍼지므로 즉석에서 즐기는 게 좋고, 밀떡은 오래 끓여도 퍼지지 않고 쫀득해 두고 먹어도 좋지요. 소스로 본다면 매콤달콤한 고추장떡볶이는 예전에 수라상에도 올랐던 귀한 음식이었고, 담백한 간장떡볶이는 궁중의 정월요리였지요. 요즘에는 자장떡볶이, 카레떡볶이 등 다양한 소스의 조리법도 인기입니다. 모두 양념을 미리 섞어 숙성시키면 맛이 깊어지고 볶았을 때도 잘 어우러져 더 맛있습니다.

【고추장떡볶이】

재료 떡볶이떡 150g, 라면사리 1개, 비건어묵 1장, 양배추 1/8통, 대파 1대, 홍고추 1개, 간단 채수 2와1/2컵 P026 참조

양념장 고추장 3스푼, 설탕 4스푼, 간장 2스푼, 참기름·올리고당 1스푼씩, 다진 마늘 1/2스푼, 후춧가루 1꼬집

1. 분량의 양념장 재료를 모두 섞어 숙성시켜요.
2. 떡볶이떡은 찬물에 5분간 담가두어요.
3. 비건어묵과 양배추는 한입 크기로 썰고 대파는 어슷하게, 홍고추는 송송 썰어요.
4. 냄비에 간단 채수를 붓고 ①의 섞어둔 양념장을 푼 후 떡볶이떡과 비건어묵을 넣고 센불에서 끓여요.
5. 한소끔 끓어오르면 양배추와 대파, 라면사리를 넣고 끓여요.
6. 라면사리가 익으면 송송 썬 홍고추를 넣어 완성해요.

【춘장떡볶이】

재료 떡볶이떡 150g, 비건어묵 1장, 양배추 1/8통, 대파 1대, 간단 채수 2와1/2컵 P026 참조
양념장 춘장·조청 2스푼씩, 고춧가루 1스푼

1. 분량의 양념장 재료를 모두 섞어 숙성시켜요.
2. 떡볶이떡은 찬물에 5분간 담가두어요.
3. 비건어묵은 한입 크기로, 양배추는 사각모양으로, 대파는 송송 썰어요.
4. 냄비에 간단 채수를 붓고 ①의 섞어둔 양념장을 풀은 후 떡볶이떡과 비건어묵을 넣고 센불에서 끓여요.
5. 한소끔 끓어오르면 양배추와 대파를 넣고 끓여 완성해요.

[vegan]

주전부리

길거리 간식
라면요리
디저트

SUBJECT 10   후루룩~ 라면이 먹고 싶은 날

밥하기 싫은 날에는 역시 라면이죠! 비건, 논비건 할 거 없이 라면 싫어하는 사람이 있을까요? 저도 그중 한 사람입니다. 한 달에 서너 번은 꼭 끓여 먹지요. 다만 비건이 먹을 수 있는 라면이 적다는데 함정이 있지요. 고기에서 육수를 내는 논비건 라면과 달리 비건 라면은 순수 채소에서 우린 채수로 수프를 만듭니다. 최근 비건라면이 늘고 있지만 비건에 대한 인식이 부족한 제조업체가 적지 않기에 꼼꼼한 확인이 더 중요해졌지요. 대개 혼합수프라고 쓰여 있지만 알고 보면 논비건 성분이 들어간 경우도 꽤 있어 저는 직접 제조사에 문의해보고 구입합니다.

요리하기 싫은 날에는 비건라면에 콩나물이나 숙주를 함께 넣고 끓입니다. 라면의 물양은 반만 넣고 센불에서 끓이다가 젓가락으로 면발을 몇 번 들어주는 게 맛있는 라면을 끓이는 제 나름의 노하우죠. 라면마저도 지겨워지면 라면으로 볶음도 하고 스파게티도 만듭니다. 파스타소스에 토마토, 양파, 버섯을 쫑쫑 썰어 넣고 라면사리를 삶아 넣어 스파게티를 만들지요. 그리고 요즘 발견한 사실인데 라면을 먹을 때 김치 대신 그린올리브와 함께 드셔 보세요. 외외의 조합에 눈이 번쩍 뜨일 거예요.

짬뽕라면

 **짬뽕도
라면으로 끓일 수 있나요?**

"당연히 가능합니다. 짬뽕라면!"

앞장에서 짬뽕을 끓였으니 당연히 짬뽕라면도 가능합니다. 미리 끓여둔 채수만 있다면 양파, 파만 가지고도 충분히 만들 수 있지요. 평소 중국음식을 좋아해 외식이 어려울 때 간단하게 집에서 즐기는 라면 버전의 짬뽕입니다. 레시피는 간단한데 짬뽕의 핵심인 불맛을 내주는 게 관건이지요. 불맛을 내는 방법 중 하나는 설탕을 캐러멜화하는 거예요. 그후 준비한 재료를 볶아 끓이면 짬뽕 맛의 라면이 되지요. 만약 설탕의 캐러멜화 작업이 어렵게 느껴진다면 대파를 직화로 구워 짬뽕에 넣어보세요. 불맛을 내는 여러 가지 방법 중 하나입니다.

짬뽕라면

재료 감자라면사리 1개, 양파 1/4개, 대파 흰색 줄기부분 1/5대, 현미유·설탕 1스푼씩, 라면수프 1/2스푼, 간단 채수 2와3/4컵 P026 참조

1   양파는 채썰고 대파는 흰색 줄기부분만 준비해 잘게 다져요.
2   달군 냄비에 현미유를 두르고 동량의 설탕을 넣어요.
3   설탕이 녹아 서서히 갈색으로 캐러멜화되면 채썬 양파와 다진 파를 넣고 센불에서 볶아요.
4   ③에 간단 채수를 붓고 라면수프를 넣어 섞어요.
5   한소끔 끓어오르면 라면을 넣고 취향대로 면을 익혀 먹어요.

불맛볶음라면

매운맛 볶음면을 더 맛있게 만들어주세요.

"이름하여 불맛볶음라면을 끓여보겠습니다!"

논비건 사이에서 유행처럼 번진 라면이 불닭볶음면이죠. 최근 비건 버전으로 만들 수 있는지 물어오는 분들이 많습니다. 당연히 만들 수 있지요. 왜냐하면 우리가 생각하는 고기 맛은 결국 양념의 맛이니까요. 양념만 맛있으면 됩니다. 그리고 또 하나, 라면을 삶을 때 반드시 반만 익혀야 합니다. 그래야 양념과 볶아도 면발이 꼬들꼬들하게 살아 있어요. 매운맛은 입맛에 따라 양을 조절하세요. 피클류와 함께 즐겨도 맛있습니다.

재료   정라면사리 1개, 양배추 1/8통, 청양고추 1개, 다진 파·고운 고춧가루 1스푼씩, 라면수프·참기름·현미유 1/2스푼씩, 깨소금 1꼬집

1. 끓는 물에 라면을 넣고 센불로 3분간 끓여 면이 반 정도 익으면 꺼내어 체에 밭쳐 식혀요.
2. 이때 라면 삶은 물은 버리지 말고 1컵을 따라두어요.
3. 양배추는 채썰고 청양고추는 얇게 슬라이스해요.
4. 달군 팬에 현미유를 두르고 다진 파, 고운 고춧가루를 넣고 살짝 볶다가 채썬 양배추와 청양고추를 함께 넣어 볶아요.
5. 준비해둔 ②의 면 삶은 물과 라면수프를 넣고 센불로 5분간 볶다가 채소가 익으면 ①의 면을 넣어 볶아요.
6. 접시에 담고 참기름과 깨소금을 뿌려 먹어요.

볶음용 채소에 매운맛을 입혀요.
기름을 두른 팬에 다진 파와 고춧가루부터 넣고 볶아 고추기름을 내어요. 이후 양배추와 청양고추를 넣고 볶아야 채소에 매운맛이 입혀져 면과 볶았을 때 맛이 잘 어울려요.

된장라면

미소라멘을 비건식으로 만들 수 있나요?

"된장을 맑게 풀어 끓이면 된장라면이 됩니다."

물론 만들 수 있지요. 하지만 일본 맑은 된장인 미소에는 가다랑어 같은 동물성 성분이 함유된 경우가 많습니다. 냉장고 속 된장으로도 비슷한 맛을 낼 수 있답니다. 된장을 간단 채수에 묽게 풀어 끓인 된장라면은 매운 음식이 힘든 분들에게 권합니다. 라면을 끓이기 전에 파와 마늘을 현미유에 볶아주면 더 맛있는 라면이 완성되어요.

재료 채황라면사리 1개, 청양고추·홍고추 약간씩, 된장 1스푼, 라면수프 1/2스푼, 파마늘기름(다진 마늘·다진 파·현미유 1스푼씩), 간단 채수 2와3/4컵 P026 참조

1 냄비에 현미유를 두르고 다진 마늘과 다진 파를 넣고 센불에서 1분간 볶아 파마늘기름을 내요.
2 ①에 준비한 간단 채수 중 1컵만 먼저 부어 섞어요.
3 채수가 1/3정도까지 줄어들면 라면과 수프를 넣고 센불에서 볶아요.
4 면이 반 정도 익으면 남은 간단 채수를 모두 붓고 된장을 풀어요.
5 취향에 맞게 면을 익혀 ④에 담은 후 청양고추와 홍고추를 어슷 썰어 올려요.

다진 마늘과 파가 타지 않도록 주의해요.
다진 마늘과 다진 파를 기름에 볶은 후 라면을 끓이면 감칠맛이 배가 되지요. 이때 다진 마늘과 파가 타지 않도록 주의하세요. 타버리면 쓴맛이 나고 요리가 지저분해져요.

알리오올리오 라면파스타

70
파스타, 라면으로도 맛있나요?

"스파게티 대신 라면으로 알리오올리오를~"

색다른 맛을 원하지만 피곤하거나 시간이 없을 때는 알리오올리오 라면파스타를 만듭니다. 마늘은 다진 것보다는 생 마늘을 잘라 사용해야 향이 풍부해져요. 양송이와 브로콜리를 넣으면 인스턴트처럼 느껴지지 않지요. 파스타보다 라면이 꼬들꼬들하기 때문에 취향에 따라서는 더 좋아하는 분들도 많을 것 같아요.

재료 채황라면사리 1개, 브로콜리 작은 줄기 2개, 양송이버섯 2개, 마늘 6쪽, 다진 마늘 1스푼, 라면수프 1/2스푼, 소금 1/4스푼, 후춧가루 1꼬집, 올리브유 1/3컵

1 양송이버섯과 마늘은 너무 두껍지 않게 슬라이스해요.
2 물에 소금 1꼬집(분량 외)을 넣고 끓어오르면 브로콜리를 살짝 데쳐내고 그 물에 곧장 라면을 삶아요.
3 팬에 올리브유를 약간 두르고 다진 마늘을 넣어 볶다가 남은 올리브유와 슬라이스한 마늘을 넣고 센불로 3분간 볶아요.
4 ③에 데친 브로콜리와 양송이 슬라이스를 더해 3분 정도 볶은 후 삶은 면을 넣어 소금과 후춧가루로 간해요.
5 접시에 ④를 담고 취향에 따라 라면수프 1/2스푼을 가감하여 먹어요.

라면은 브로콜리 데친 물에 삶아요.
끓는 물이 필요한 브로콜리와 라면은 같은 물에 각각 데치고 삶아요. 먼저 브로콜리를 데치고, 그 물에 라면을 삶으면 조리시간도 단축되어요.

냉라면

시원한 물냉면이 생각나요.

"차가운 채수를 부은 냉라면도 맛있습니다."

더운 날씨에는 차가우면서도 간단한 음식이 적격입니다. 냉라면은 어떠신지요? 밖에서 사 먹는 냉면에는 동물성 성분이나 화학조미료가 들어가지요. 나를 돌보는 마음으로 직접 장을 보고 요리를 해봅시다. 간단 채수도 미리 끓여 냉동실에서 30분 정도 얼려놓아요. 국물 맛이 그대로 시원하게 즐길 수 있어요. 후루룩~ 시원하게 면발 넘어가는 소리가 기가 막힙니다.

재료 현미채식라면사리 1개, 오이·당근 20g씩, 적채 10g
간단 채수 2와1/2컵 P026 참조
양념 다진 마늘·식초·설탕·고춧가루 1스푼씩, 라면수프·참기름 1/2스푼씩

1 오이와 당근, 적채는 모두 얇게 채썰어요.
2 끓는 물에 라면을 넣고 센불에서 10분간 삶아 찬물에 헹구어 체에 밭쳐 물기를 빼요.
3 분량의 재료를 모두 섞어 양념을 준비해요.
4 그릇에 삶은 면을 넣고 간단 채수를 부어요.
5 준비한 양념을 올린 후 채썬 채소를 고명처럼 올려요.

쫄깃한 면발의 노하우가 있어요.
끓는 물에 삶은 면은 꺼내자마자 얼음물에 비벼가며 씻은 후 체에 밭쳐 물기를 빼줍니다. 더욱 쫄깃한 식감을 느낄 수 있어요.

비빔라면

매콤한 비빔냉면을 간단하게 즐기고 싶어요.

"맛있는 비빔장부터 만들어볼까요?"

라면으로 할 수 있는 요리는 무궁무진합니다. 비빔라면은 비빔장을 어떻게 만드느냐에 따라 다양한 맛의 비빔면이 탄생하지요. 여기서는 익숙한 맛의 비빔면용 고추장 양념을 만들어보겠습니다. 레시피대로 섞어두었다가 숙성시켜 넣으면 더 맛있답니다. 비빔장 양념을 넉넉히 만들어두고 그 맛이 그리울 때마다 꺼내드세요.

재료 라면사리 1개, 오이·당근 1/4개씩, 배 1/5개
양념장 고추장·고춧가루 2스푼씩, 설탕 3스푼, 간장·다진 마늘·매실액 또는 식초 1스푼씩, 참기름 약간

1 분량의 재료를 모두 섞어 양념장을 미리 만들어두어요.
2 오이와 당근, 배는 같은 두께로 채썰어요.
3 끓는 물에 라면을 넣고 센불에서 10분간 삶아 찬물에 헹구어 체에 받쳐 물기를 빼요.
4 ③의 삶은 면과 양념장을 골고루 버무려요.
5 접시에 양념에 버무린 면을 담고 채썬 오이와 당근, 배를 가지런히 올려내요.

고명용 채소는 채썰어 준비해요.
비빔라면에 올리는 채소는 고명용으로 준비해요. 이왕이면 색이 각기 다른 채소를 준비해 같은 두께로 채썰어 올려야 비주얼도 살아요.

비건라면 vs

비건이라도 라면은 포기할 수 없겠죠? 최근 다양한 비건라면 제품들이 출시되고 있습니다. 밀, 쌀, 현미, 감자로 만든 면부터 맛까지 종류가 다양하지요. 특히 제가 좋아하는 감자면은 쫄깃한 면발이 일품입니다. 밀, 현미, 쌀로 만든 면은 일반 라면과 맛이 비슷하지요. 건더기수프도 100% 채소와 건조 콩고기가 섞인 타입이 있습니다. MSG나 라면 수프 맛을 싫어한다면 수프의 양을 줄이고 간장이나 소금으로 간을 해요.

※ 비건라면이란?
동물성 혹은 GMO로 추출한 각종 첨가물을 배제하고 면, 수프 제조 시 들어가는 기름까지 모두 식물성 재료로만 만들어진 라면입니다. 일반 라면에 비해 열량이 낮은 편이지요. 라면 선택 시 사골분말, 향미증진제, 카제인나트륨, 난각칼슘 등이 들어 있는지 잘 확인하세요.

우리밀 채식감자라면 by 삼육

쫄깃한 식감이 특징인 감자라면입니다. 국내산 우리밀가루와 감자분말, 감자녹말로 만들어 면발이 쫄깃하지요. 깔끔한 국물에 매콤함이 잘 어우러져 느끼하지 않아요. 1회 제공량 114g당 485kcal입니다.

cooking tip 라면 건더기를 좋아하면 버섯, 대파, 콩나물 등의 채소를 더해도 좋아요. 국물 맛이 개운해져요.

채황라면 by 오뚜기

완전 채식, 비건을 위한 라면으로 온라인에서 인기를 얻는 라면이지요. 영국비건협회인 '비건소사이어티' 인증을 획득해 더욱 유명해졌습니다. 10가지 채소에서 우린 국물이 자극적이지 않고 담백하며, 라면수프에 된장을 넣은 것도 색달라요. 1회 제공량 110g당 465kcal입니다.

cooking tip 국물 맛이 담백한 채황에 두부를 으깨어 넣으면 국물 맛에 고소한 맛까지 더할 수 있어요.

현미채식라면 by 새롬식품

국산 현미와 국산 감자녹말로 개발한 면발이 기름기 없이 담백합니다. 색상도 일반 면에 비해 다소 진해 건강한 현미의 느낌이 그대로 살죠. 순식물성으로 표고버섯을 더한 국물도 맑고 깔끔합니다. 1회 제공량 110g당 475kcal입니다.

cooking tip 면발의 쫄깃함이 조금 적은 편이지만 버섯을 추가하면 식감을 높일 수 있어요.

채식청정면 by 새롬식품

일명 '無오신채'로 유명한 채식라면입니다. 오신채는 자극적인 5가지 채소로 불교에서는 마늘, 파, 부추, 달래, 무릇을 일컬어요. 순식물성 채식라면으로 비건뿐만 아니라 스님도 즐길 수 있어 '스님라면'으로도 불려요. 1회 제공량 114g당 510kcal입니다.

cooking tip 깔끔한 맛이 특징으로 콩나물, 미역, 다시마를 추가하면 국물의 감칠맛을 더해져요.

채식자장면 by 새롬식품

우리쌀로 만든 채식 자장면입니다. 우리밀가루와 감자녹말로 만들어 식감이 쫄깃하지요. 식물성 원료를 베이스로 한 자장분말이 자극적이지 않습니다. 자장 맛이 그리울 때 후다닥 먹기 좋아요. 1회 제공량 108g당 485kcal입니다.

cooking tip 버섯이나 감자, 양파를 추가하거나 튀긴 두부를 넣어도 잘 어울려요.

[vegan]

주전부리

길거리 간식
라면요리
디저트

SUBJECT 11

부드럽고 달달한
디저트가 먹고 싶은 날

비건의 디저트 사랑은 특별하지요. 당류에 대한 갈증 때문일까요? 뭐든 선택의 여지가 지극히 한정적인 비건은 디저트를 고를 때도 설탕이나 지방 등을 꼼꼼하게 고르는 습관이 배어 있지요. 비건디저트는 식물성 재료만으로 만듭니다. 음료는 우유 대신 두유와 아몬드밀크, 귀리유 등으로 대체하여 만들지요. 그래서 최근에는 비건 디저트를 찾는 논비건 다이어터들도 많아졌습니다.

저는 간단한 조리법의 디저트를 즐기는 편입니다. 평소에는 레몬토스트를 즐기는데 식빵에 레몬즙과 설탕을 뿌리고 토스트하면 끝이지요. 진짜 초간단 레시피인데 너무 맛있답니다. 콩가루를 뿌려도 좋지요. 비건마요네즈 같은 소스를 미리 만들어두면 자꾸 손이 가는 샐러드도 손쉽게 만들 수 있습니다. 입맛 없는 날 즐겨요.

브라우니

73
진한 풍미의 브라우니가 먹고 싶어요.

"알려드릴게요~ 진하고 꾸덕한 브라우니입니다."

사각모양의 초콜릿 케이크인 브라우니는 어디서나 인기 있는 빵이지요. 달걀과 유제품을 넣지 않고 비건 버전으로 만들어보겠습니다. 달걀 대신 타피오카녹말가루와 대두단백질을, 유제품 대신 두유와 현미유를 넣었지요. 논비건 브라우니와 견주어도 맛과 모양에서 뒤떨어지지 않습니다. 진하고 꾸덕한 비건브라우니 레시피입니다.

재료 다크초콜릿 200g, 두유 250g, 설탕 100g, 소금 2꼬집, 호두 분태 140g, 현미유 90g, 장식용 슈거파우더 적당량

가루류 앉은뱅이 백밀가루 120g, 타피오카녹말가루 20g, 코코아파우더 60g, 대두단백질파우더 10g, 베이킹파우더 4g

---

1 중탕볼에 다크초콜릿과 두유, 설탕, 소금을 넣고 중탕으로 녹인 후 식혀요.
2 브라우니 틀에 맞추어 유산지를 깔아요.
3 가루류 재료를 모두 합하여 체쳐 내린 후 호두 분태와 잘 섞어요.
4 ①에 ③과 현미유를 넣고 섞어 반죽을 완성해요.
5 틀에 반죽을 붓고 160℃로 예열한 오븐에서 25~30분 구워요. 젓가락으로 찔러 보았을 때 반죽이 묻어나지 않으면 완성입니다.
6 취향에 따라 슈거파우더 등을 뿌린 후 먹기 좋은 크기의 사각모양으로 잘라요.

초콜릿은 중탕으로 녹여요.
초콜릿을 녹일 때는 반드시 중불에서 중탕냄비에 넣어 녹여주세요. 중탕 시 초코릿에 물이 들어가면 초콜릿이 굳어버릴 수 있어요.

비건머랭쿠키

74 달걀 없이 머랭쿠키를 만들 수 있을까요?

"달걀 없이 머랭 만드는 방법을 공개합니다."

물론 만들 수 있습니다. 달걀 없이 머랭쿠키를 만든다고 하면 다들 놀라더라고요. 원래 머랭쿠키는 달걀흰자로 만드는데, 병아리콩 삶은 물로 대체해서 만들 수 있습니다. 달걀흰자나 병아리콩 속의 단백질이 머랭의 주성분이지요. 달달한 게 당길 때 하나씩 입안에 넣으면 어느새 기분이 좋아집니다. 모양도 예쁘고 맛도 좋으니까요.

재료 병아리콩·설탕 100g씩, 물 200g

1. 병아리콩은 3배의 물에 담가 5시간 이상 불려요.
2. 냄비에 불린 병아리콩과 물 1컵을 넣고 센불에서 30분간 삶아요.
3. 병아리콩이 푹 삶아지면 콩은 건져내고 콩물은 다시 중불에서 10분간 더 끓여요.
4. ③에 설탕을 3번 나누어 넣어가면서 핸드휘핑기로 휘핑해요.
5. 중속과 고속 사이로 휘핑해 거품기 끝에 단단하게 뿔이 생기면 멈춰요.
6. ⑤를 짤주머니에 넣고 적당한 크기로 짜요. 마지막에 힘을 주어 상투모양을 내요.
7. 100℃로 예열한 오븐에서 40분간 구워내 식혀요. 완전히 식으면 용기에 담아 밀봉해요.

TIP
바닐라 익스트랙을 넣으면 더 근사해져요.
완성한 머랭에 바닐라 익스트랙을 3~4방울 섞어 넣고 구우면 근사한 맛이 느껴져요.

트리플베리젤리

75 비건젤리도 가능해요?

"젤라틴 대신 한천으로 젤리를 만듭시다."

한천은 비건에게 정말 중요한 재료입니다. 한천이 없다면 젤라틴을 대체할 재료가 거의 없거든요. 과일을 넣어 젤리를 만들 때는 젤리가 쉽게 끊어질 수 있으니 조심스럽게 다루어야 합니다. 과일과 젤리가 분리되지 않도록 주의하세요. 과일을 다이스 크기로 잘라 넣는 것도 과일젤리를 잘 만드는 노하우입니다.

재료 트리플베리(스트로베리·라즈베리·블루베리) 20알, 한천분말 5스푼, 설탕 3스푼, 물 1과1/2컵

1. 냄비에 트리플베리 절반과 물 1과1/2컵을 넣고 센불에서 30분간 끓여요.
2. 설탕을 넣고 중불로 낮추어 30분 더 끓여요.
3. 준비한 용기에 남은 트리플베리를 넣어요. 딸기는 반 자르고 라즈베리와 블루베리는 그대로 넣어요.
4. ②에 한천가루를 넣고 중불에서 저어가며 팔팔 끓여요.
5. 트리플베리를 넣어둔 용기에 ④를 80%까지 부어 실온이나 냉장고에서 굳혀요.

수분 많은 과일은 피하세요.
젤리용 과일은 당도가 있는 딸기, 라즈베리, 블루베리, 오렌지, 망고 등이 적당해요. 수박이나 파인애플, 멜론 등처럼 수분이 너무 많은 과일은 젤리와 분리될 수 있으니 피하세요.

비건단호박머핀

76
오븐 없이 비건 빵을 구울 수 있나요?

"비건머핀 레시피를 특별히 소개합니다."

오븐이 없어도 충분히 빵을 만들 수 있습니다. 두꺼운 팬에 굽거나 쪄서도 만들 수 있지요. 노오븐베이킹으로 비건단호박머핀을 만들어 봅니다. 단호박은 가격도 비싸지 않고 색상도 예뻐 디저트 재료로 즐겨 사용하지요. 집에 오븐이 없다면 일단 주방에서 가장 바닥이 두꺼운 냄비부터 찾아놓아요. 자, 그럼 노오븐 베이킹을 시작합니다.

재료 구운 단호박 50g, 무첨가 두유 137g, 현미유 86g, 바닐라 익스트랙·레몬즙 10g씩, 장식용 단호박 슬라이스 2조각

가루류 앉은뱅이밀 120g, 유기농 원당 62g, 단호박파우더 11g, 대두단백질파우더·고구마녹말가루 7g씩, 베이킹파우더 3g, 죽염 2g, 베이킹소다 1g

1 가루류 재료를 모두 합하여 한 번에 체쳐 내려요.
2 머핀컵에 색지컵을 하나씩 끼워 준비하세요.
3 구운 단호박을 믹서에 넣고 곱게 갈아요.
4 믹싱볼에 ①의 체친 가루류와 ③의 갈은 단호박을 넣고 섞어요.
5 ④에 무첨가 두유, 현미유, 바닐라 익스트랙, 레몬즙을 넣고 섞어 반죽을 완성해요.
6 ⑤를 짤주머니에 담아 준비한 머핀컵에 2/3정도 채우고 장식용 단호박 슬라이스를 올려요.
7 바닥이 두꺼운 팬을 약불에 올린 후 ⑥을 넣고 뚜껑을 덮어 30분간 구워요. 오븐에서는 175℃로 예열해 30분 굽습니다.

가루류는 몽땅 모아 한 번에 체쳐요.
가루류는 계량한 후 한 번에 체쳐 준비하세요. 덩어리로 뭉친 가루들은 손으로 살살 문질러 체에 내려줍니다.

수제펄얼그레이 흑당라떼

77 흑당라떼,
첨가물 걱정 없이 마시고 싶어요.

"**수제펄흑당라떼를
첨가물 없이 만들어보지요.**"

타피오카펄은 쫀득하니 식감이 좋지요. 하지만 밖에서 사 먹자니 첨가물 걱정을 안 할 수가 없습니다. 그래서 직접 타피오카녹말가루를 반죽해 펄을 만들기 시작했습니다. 흑당시럽까지 만들면 타피오카펄을 넣은 흑당라떼도 만들 수 있지요. 얼그레이 찻잎을 우려 향을 더하면 카페에서 맛보는 느낌이 들 거예요.

수제펄얼그레이흑당라떼

재료	에스프레소 1샷, 얼그레이 잎 2g, 두유 180g
타피오카펄	타피오카녹말가루 200g, 유기농 마스코바도 50g, 물 75g, 덧가루용 고구마녹말가루 약간
흑당시럽	유기농 마스코바도·물 25g씩

타피오카펄

1. 냄비에 유기농 마스코바도와 물을 넣고 마스코바도가 다 녹을 때까지 중불에서 끓여요.
2. 타피오카녹말가루에 ①을 넣고 빠르게 반죽해요.
3. 반죽을 도마 위에 올리고 길게 민 후 스크래퍼로 작게 잘라 동글게 빚어요. 준비한 고구마녹말가루를 뿌려두면 달라붙지 않아요.
4. 끓는 물에 ③을 넣고 15분 이상 푹 삶으면서 주걱으로 저어요.
5. 펄이 동동 떠오르면 꺼내 체에 밭쳐 물기를 제거한 후 사용하고, 남은 펄은 냉동보관해요.

흑당시럽

6. 동량의 유기농 마스코바도와 물을 준비해요.
7. 냄비에 ⑥을 넣고 젓지 말고 그대로 약불에서 15분 이상 끓여요. 시럽을 만들 때 저으면 결정이 생길 수 있어요.
8. ⑦을 찬물에 한 방울 떨어트렸을 때 퍼지지 않으면 불을 끄고 식혔다가 열탕소독한 병에 담아 냉장보관해요.

수제펄얼그레이흑당라떼

9. 냄비에 두유 80g과 얼그레이잎을 넣고 한 번 파르르 끓여 체에 밭쳐요.
10. 준비한 유리컵에 ⑤의 삶은 타피오카펄을 깔고 얼음을 채워요.
11. 유리컵 주둥이에 ⑧의 흑당시럽을 둘러요.
12. 남은 두유 100g과 ⑨의 얼그레이두유, 에스프레소 샷을 부어요. 머들러로 가볍게 저으면서 마셔요.

탕후루

78 과일로 만드는 예쁜 디저트 있나요?

"반짝반짝 시럽으로 코팅한 과일꼬치입니다."

'탕후루'라고 불리는 디저트예요. 대학 캠퍼스 일대에서 자주 볼 수 있죠. 알록달록한 과일을 종류별로 꼬치에 꽂아 시럽으로 코팅해 건조시킨 메뉴입니다. 무엇보다 비주얼이 아주 예쁘답니다. 한 가지 단점이 있다면 설탕이 너무 많이 들어가 과하게 달다는 건데, 직접 만든다면 해결 가능하죠. 과일의 양을 늘리고 설탕의 양을 줄이는 것도 방법입니다. 한 번 만들어볼까요?

재료 딸기 6개, 청포도 6알, 설탕·물 1/2컵씩, 꼬치 2개

1 딸기는 꼭지만 자르고 청포도와 함께 씻어 물기를 제거해요.
2 물기를 제거한 과일을 꼬치에 꽂아요.
3 냄비에 설탕과 물을 넣고 젓지 않은 채로 중불에 끓여요.
4 시럽이 끓어오르면 약불로 낮추어 한 번 더 졸여요.
5 찬물에 시럽을 1방울 떨어뜨렸을 때 시럽이 바로 굳어버리면 완성입니다.
6 완성한 시럽으로 ②의 과일꼬치를 빠르게 코팅한 후 마를 때까지 건조시켜요.

과일 표면의 물기 제거에 신경써요.
탕후루용 과일은 껍질이 있는 걸로 준비하세요. 그래야 코팅했을 때 모양도 색도 예쁘게 나와요. 과일은 물기를 제거하고 꼬치에 꽂아두어야 시럽 코팅이 균일하게 이루어져요.

코코넛커피

79
비건을 위한 스페셜 커피 메뉴 알려주세요.

"코코넛밀크와 두유로 만든 커피를 소개합니다."

비건은 우유가 들어간 음료를 마시지 않습니다. 평소 저는 우유 대신 두유를 즐겨 사용하는데, 코코넛밀크와 두유를 함께 넣은 커피 메뉴를 소개합니다. 콩이 지닌 고유의 강한 향을 은은하고 깊은 코코넛밀크가 잡아주지요. 맛도 더욱 부드러워집니다. 에스프레소가 없는 경우에는 시판 블랙커피를 진하게 타서 넣으세요. 코코넛밀크는 개봉 전에 반드시 흔들어야 매끄러운 오일성분이 골고루 펴져요.

재료 에스프레소 1샷, 두유 1/2컵, 코코넛밀크 1/4컵, 시럽 1스푼, 얼음 1/2컵

---

1 먼저 두유와 코코넛밀크를 섞어요.
2 컵에 준비한 얼음을 채우고 ①을 부어요.
3 에스프레소 샷을 부어 완성해요. 이때 얼음을 잘게 부수어 넣으면 마블링이 잘 생겨요.
4 시럽을 추가하고 머들러로 가볍게 섞어 즐겨요. 달콤한 코코넛라떼 완성입니다.

몽땅 갈면 코코넛스무디커피가 되어요.
두유와 코코넛밀크, 얼음을 믹서에 넣고 갈아 에스프레소를 섞으면 코코넛스무디커피가 됩니다. 바닐라시럽을 넣으면 더 맛있어요.

오렌지 콩포트

비건 빵과 곁들일 사이드 메뉴가 필요해요!

"과일콩포트를 곁들여 드세요."

버터와 우유를 넣지 않는 비건 빵도 오일과 수분의 밸런스만 잘 맞추면 퍽퍽하지 않고 부드러운 결로 구워낼 수 있습니다. 퍽퍽하게 구워졌다면 콩포트를 곁들여요. 콩포트는 단시간 내로 만들어 과일을 신선함까지 그대로 맛볼 수 있지요. 빵, 요구르트, 아이스크림에 곁들여 드세요.

재료(210g 기준)   손질한 오렌지 300g, 설탕 100g, 레몬즙 1스푼

1   오렌지는 속껍질을 벗겨 알맹이를 분리해 반 잘라요.
2   냄비에 ①의 오렌지와 설탕을 넣고 버무린 후 약불에서 젓지 말고 끓여요.
3   설탕이 녹고 과일에서 수분이 나오기 시작하면 중불로 올려 으깨듯 저으며 15분간 끓여요. 이때 너무 으깨면 식감이 좋지 않아요.
4   ③을 수저로 떠서 떨어트렸을 때 흘러내리면 불을 꺼요. 콩포트는 식으면 농도가 되직해져요.
5   레몬즙을 넣고 저은 후 한 김 식혀 완성해요.

처음에는 젓지 말고 끓여요.
오렌지와 설탕을 넣고 약불에서 주의하여 젓지 않고 끓이는 게 중요해요. 설탕이 녹아 물이 생기면 중불로 올려 으깨듯이 저어줍니다.

수제 비건음료

비건음료는 모든 동물성 성분의 재료를 배제하고 과일 또는 채소의 열매나 잎, 뿌리를 이용해 만듭니다. 보통 즙을 내거나 건조해 우리거나 믹서에 갈아 마시지요. 자투리 과일이나 맛이 덜 든 과일로 만들 때는 시럽이나 과일청 등을 첨가하면 맛이 좋아집니다.

【마약과일주스】

재료 남은 과일 조각 1컵, 설탕 1과1/2스푼, 물 1/4컵, 얼음 3조각

1. 믹서에 냉장고 속 자투리 과일과 설탕, 얼음 3조각을 넣고 갈아요.
2. 유리컵에 담아 장식하면 더욱 멋스러워요.

【넛밀크】

재료 아몬드 1컵, 물 4컵, 소금 1꼬집, 아가베시럽 적당량

1. 아몬드를 물에 4~5시간 불려요.
2. 믹서에 불린 아몬드와 물, 소금을 넣고 곱게 갈아요.
3. 입맛에 맞게 아가베시럽을 넣어요.
4. 고운 망에 ③을 한 번 걸러낸 후 마셔요.

【상그리아】

재료 사과·오렌지·레몬 1개씩, 포도 1/2송이, 레드와인 1/2병(375ml), 사이다 1컵 또는 설탕 1스푼, 애플민트 1스푼

1. 과일들은 베이킹소다로 깨끗이 씻어 한입 크기로 잘라요.
2. 열탕소독한 병에 레드와인을 담고 사이다를 넣어 섞어요.
3. 한입 크기로 자른 과일을 담고 애플민트도 넣어요.
4. 냉장고에서 3일간 숙성한 후 마셔요.

이 책의 사용 조미료

화학 첨가물이 없는 무첨가 재료를 이용합니다. | ○ 표시는 홈메이드 조미료입니다.

짠맛
- 비건쯔유 ○ — 감칠맛나는 맛간장으로 국, 찌개, 소스에 활용.
- 데리야키소스 — 소스나 볶음요리에 즐겨 사용.
- 죽염 — 불순물이 없어 깔끔한 맛. 제과제빵, 요리에 모두 사용.
- 된장 — 나물무침, 샐러드, 된장국과 찌개 등에 사용.
- 간장&국간장 — 요리에 간을 맞추거나 맛을 더함.

단맛
- 설탕 — 제과제빵과 요리에 폭넓게 쓰이며 모두 유기농 제품.
- 유기농 마스코바도 — 향이 있어 제과와 음료에 제한적으로 사용.
- 조청&올리고당 — 조청은 시럽 대신, 올리고당은 물엿 대신 사용.
- 매실액 — 겉절이, 샐러드 등에 설탕, 물엿 대신 사용.

매운맛
- 고추장 — 찌개나 떡볶이 강정 종류에 사용.
- 고춧가루 — 요리색을 어둡게 하지 않고 깔끔한 매운맛을 낼 때 사용.
- 고추기름 — 중화요리의 매운맛과 채계장에 즐겨 사용.
- 연겨자&생강 — 연겨자는 소스, 생강은 강정류 만들 때 사용.
- 양파즙 — 수프나 소스 등 액상타입의 요리에 즐겨 사용.

신맛
- 레몬즙 — 머핀, 파운드류의 제과와 샐러드 드레싱에 즐겨 사용.
- 식초 — 주로 무침요리에서 신맛을 낼 때 사용.
- 유산균 — 요구르트나 비거트의 발효에 사용.

고소한 맛
- 비건버터 ○ — 두유와 코코넛오일로 만든 버터.
- 비건치즈 ○ — 견과류과 구황작물로 만드는 치즈.
- 비건마요네즈 ○ — 견과류, 오일로 만든 마요네즈. 소스와 드레싱에 사용.
- 코코넛밀크&아몬드밀크 — 우유 대신 사용. 첨가물 없는 100%만 사용.
- 두유 — 우유 대용으로 다방면에 사용.
- 병아리콩&병아리콩물 — 콩은 샐러드, 햄버거패티에 사용. 콩물은 머랭에 활용.

감칠맛
- 비건시즈닝 — 볶음요리의 감칠맛을 낼 때 사용.
- 연두 — 국이나 찌개, 탕요리에 사용.
- 맛술&청주 — 맛술은 찌개와 국, 청주는 찜요리에 잡내 없을 때 사용.

기름류
- 현미유&포도씨유&해바라기유 — 발연점이 높아 튀김과 볶음요리에 사용.
- 올리브유 — 향이 맴돌아 샐러드 드레싱에 사용.
- 참기름&들기름 — 나물무침이나 국요리 등에 사용.

INDEX

ㄱ

가지구이	192
감자샐러드샌드위치	118
감자전	122
감자칩	086
고추장떡볶이	228
고춧잎나물	122
곤약떡복이	167
곤약불고기	166
곤약초무침	167
김치볶음밥	081

ㄴ

나초+살사	094
냉라면	242
넛밀크	268
느타리버섯강정	136

ㄷ

두부강정	060
두부난자완스	052
두부무조림	061
두부베네틱트	188
두부오믈렛	050
두부차슈	048
된장라면	238
들깨크림파스타	189
떡볶이그라탕	212
뚝배기불버섯	130

ㅁ

마늘브로콜리포테이토수프	209
마약과일주스	268
마약콘치즈마요	098
마크로비오틱 채소수프	158
매콤비건어묵볶음	123
매콤콩나물국	096
머스터드드레싱+과일드레싱	162
밀싹클렌징주스	150
밀푀유버섯두부전골	072

ㅂ

바질뇨끼	174
반미샌드위치	120
밥고로케도시락	112
배추전	101
버섯꼭지와 소면무침	084
버섯매운양념조림탕	140
병아리콩감자토마토스튜	152
불맛볶음라면	236
브라우니	250
비거트	156
비건감자탕	064
비건단호박머핀	256
비건똠얌꿍	180
비건마라탕	068
비건마파두부	058
비건머랭쿠키	252
비건미역국	076
비건버섯죽	194
비건베트남쌀국수	178
비건보쌈	142
비건부대찌개	078
비건부리토	164
비건샤브샤브	126
비건소시지핫도그	226
비건순대	218

비건스시도시락	108
비건월남쌈	170
비건자장면	138
비건장어덮밥	198
비건짬뽕	074
비건충무김밥	132
비건커리+짜파티	184
비건팟타이	182
비건프렌치토스트	220
비빔라면	244

ㅅ

상그리아	268
소야(소시지야채볶음)	100
수제두부패티버거	214
수제펄얼그레이흑당라떼	258

ㅇ

아게다시도후	061
아보카도대파샐러드	160
아보카도롤도시락	116
알리오올리오 라면파스타	240
양송이수프	208
옛날도시락	110
오렌지콩포트	266
오트밀견과류과일스무디볼	148
옥수수두부크럼블도시락	104
우엉립스테이크	189

ㅈ

중국식 부추만두	128
짬뽕라면	232

ㅊ

채계장	196
채소구이덮밥	081
채소고로케	222
채소크레이프랩	224
채식 어묵탕	088
춘장떡볶이	229

ㅋ

카나페	101
케일쌈밥도시락	106
코코넛커피	264
콘소메수프	202
콜라플라워튀김	092
콩나물밥	080

ㅌ

타진	066
타코	172
탕후루	262
템페샐러드	046
트리플베리젤리	254

ㅍ

파베초콜릿	206
포두부잡채덮밥	044

ㅎ

핫소이라떼	209
후무스	056
흑임자과일샌드위치	204

이 책의 본문 용지는 전주페이퍼 친환경 미색지 95g을 사용하였습니다.

시작하는 비건에게

2021년 3월 1일 2쇄 발행

저자	최태석
사진	장영
푸드스타일링	김지현
기획/편집	문영애
디자인	김아름
협찬	윤현상재
인쇄/출력	도담프린팅
펴낸곳	수작걸다
주소	경기 용인시 수지구 고기로 89
이메일	suzakbook@naver.com
블로그	blog.naver.com/suzakbook
인스타그램	@suzakbook

ISBN 978-89-6993-035-4 13590

- 이 책은 저작권법에 따라 보호받는 저작물이므로 무단 전재와 무단 복제를 금지하며,
  이 책 내용의 전부 또는 일부를 이용하려면 반드시 저작권자와 수작걸다의 서면 동의를 받아야 합니다.
- 제본에 이상이 있는 책은 바꾸어 드립니다.